다문화의 기호학

다문화의 기호학

박천응 · 한진상

KNOWLEDGE COMMUNITY 공동체

머리말

'기호학'은 다문화 연구를 하는 사람들에게 다소 생소한 연구방법이다. 그러나 기호학 자체가 문화 연구의 중요한 디딤돌이다. 문화가 주어지는 것이 아니라 만들어지는 것이라면, '기호학'은 이처럼 인간이 만들어 놓은 사회적 산물에 대한 접근법이기 때문이다. 소쉬르와 야콥슨이 주장한 것처럼 언어도 사회적 산물이다. 또한 퍼스의 주장처럼 이 사회의 모든 이미지들도 사회적 산물들이다.

기호와 문화는 어떤 관계일까? 인간 사회에서 정신적이고 추상적인 것을 포함하는 물적 형성체는 자연적 산물과 사회적 산물로 구성된다. 물적 형성체 중 자연적 산물은 자연적 현상에서 나타나는 자연발생 기호이다. 물적 형성체 중 사회적 산물은 규약적 성격을 가지며 의사소통의 기능을 한다. 바로 이처럼 물적 형성체가 사회적 의사소통과 관련될 때 그것을 기호라 부른다. 이러한 접근은 단순히 언어나 이미지에만 국한된 것이 아니다. 인간의 사회적 산물을 대신하는 모든 것이 기호이고, 텍스트이기 때문이다. 결국 기호와 텍스트는 문화의 모든 것이라 할 수 있다.

그렇다면 다문화 연구에서 기호를 다루는 이유는 무엇인가? 소쉬르의 기호학은 언어의 구조와 랑그의 규칙성을, 레비-스트로스의 인류학은 결혼과 종족 보존의 문화적 규칙성을 통해 '구조주의'를 탄생시켰다.

다문화 연구로서 기호학은 구조주의의 '중심성과 구조성', 그리고 '질서' 등에 이의를 제기하도록 돕는다. 탈구조주의적 접근을 통해 주류사회가 만든 기표와 기의의 가변성을 기반으로 문화적 다양성의 씨앗들을 발견케 해준다. 다수자 중심의 문화적 동일성이나 획일성이 아니라 문화다양성을 모색할 수 있는 길을 '다문화의 기호학'에서 찾을 수 있는 것이다.

'다문화의 기호학'은 소수자에 대한 관리와 통제 메커니즘으로 작용하는 차별적 신화와 이데올로기의 내면을 들추어내도록 돕는다. '다문화의 기호학'은 다수자 중심 사회가 만들어낸 규칙과 질서, 차별과 배제의 '사회적 언술'에 대하여 다양한 사회적 텍스트의 분석과 비평을 통해 다문화 사회에 대한 비판적 접근이 가능하도록 돕는 것이다.

'다문화의 기호학'은 다문화 사회에 대한 문제제기 중심의 접근방법을 제공한다. '다문화의 기호학'은 다수자들이 '다문화', '이주민', '결혼 이민자', '다문화 가정 자녀' 같은 개념을 접할 때, '일방적이고 자동으로 떠오르는 영상'에 이의를 제기하고 '새로운 상'을 형성할 수 있도록 돕는다. 그 첫 단계의 작업은 '낯설게 하기'이다. 이 '낯설게 하기'는 단일적이고 자민족중심주의적인 사회 안에서 담론과 미디어의 사회적 차별 현상들에 이의를 제기하고 변증법적 안티테제를 제시한다. '다문화의 기호학'은 '문화적 낯설게 하기'를 통해 소수자들의 목소리를 경청하도록 하는 소통의 장을 마련하는 것이다. 나아가 '다문화의 기호학'은 다수자 중심 사회의 '기호 낯설게 하기(기표와 기의를 동시에 낯설게 하기)'를 통하여 다수자 문화 중심의 텍스트와 문화에 '상호텍스트성'과 '상호문화성', '하위문화 구축' 등이 형성될 수 있도록 돕는다. 이 모든 과정을 통하여 문화사회학적인 '다문화 언술'이 자유로운 사회가 될 수 있는 것이다.

'다문화의 기호학'은 주류문화 사회인들의 다문화 수용성을 증대시키는 역할도 한다. 한국사회에서 대부분의 다문화 접근은 소수자에 대한 교육과 교화를 통해 그들이 한국사회에 통합할 수 있도록 돕고 있다. 그러나 엄밀한 의미에서 '사회통합'과 '다문화'는 대치적 개념이다. 사회통합은 문화적 일치성을 강조하지만, 다문화는 문화적 다양성을 강조한다. 그러나 한국사회의 다문화정책과 교육의 주류는 '사회통합'에 중점을 두고 있다. 바로 이러한 관점의 차이가 한국사회의 다문화 담론을 협소하게 제한시킨다. 한국사회에서의 다문화 논의가 보다 광의적 차원에서 논의되려면 '다수자를 위한 다문화적 접근'이 보다 활발하게 논의되어져야 한다. '다수자를 위한 다문화적 접근'이 곧 다문화 수용성이다. '다문화의 기호학'은 다수자들의 다문화 수용성 확대를 위한 다양한 텍스트의 접근방법과 다문화적 리터러시 교육방법을 제시해 줄 것이다. 소수자 이주민이 다수자들에게 위협이 되거나 경쟁적 존재가 아니라 함께 더불어 살아가는 이웃임을 알게 하는 학습자 중심의 교육의 기회를 제공해 줄 것이다.

'다문화의 기호학'은 소수자로 하여금 다수자 사회에서 순응적 존재, 동화의 대상이 아님을 깨닫게 해준다. 그들이 자신의 정체성을 유지하고 사회적 일원으로 참여가능하도록 자신들의 목소리와 시각을 드러내는 장을 제공해 준다. 이주민들이 다수자 사회에서 동화, 고립, 주변화되는 것이 아니라 자신의 문화에 대한 자긍심과 타 문화에 대한 수용성을 긍정적으로 받아들임으로써 문화창조의 주체가 될 수 있도록 돕는 것이다. 이러한 주체성은 자신이 처한 사회적 현실을 고발하는 비판과 저항의 발판이 되기도 한다.

다문화의 기호학은 새로운 기호학 이론 제시가 아니다. 기호학의 기존 연구들을 다문화 사회에 실천적으로 적용시킨 것이다. 그래서 '다문화의 기호학'은 아직 기초적 수준이고 현장 중심의 접근을 한 것이기에 부족함이 많다. 그러나 '다문화의 기호학'에 대한 새로운 텍스트를 한국사회에 던짐으로써 이 사회에서 다문화 연구가 보다 활성화되기를 바라는 마음이다. 특히 이 책을 집필함에 있어서 함께 작업을 한 한진상 교수가 건강상 힘든 수술을 받으면서도 끝까지 이 책을 위하여 온몸으로 수고한 것에 뜨거운 감사를 드린다. 생사를 넘나든 흔적들이 한국의 다문화 사회에 작은 촛불이 되었으면 한다. 아낌없이 이 책의 출판을 승낙하여 주신 공동체 출판사에 감사드리고, 다문화 공동체 사회를 향하여 함께 나아가기를 희망한다.

다문화 기호들이 가득한 안산의 국경없는 마을에서 박 천 응

차 례

CHAPTER

01 기호와 기호학

CONTENTS

CHAPTER 01

기호와 기호학

1. 기호란 무엇인가?

우리의 삶은 기호로 가득 차있다. 우리가 매일같이 보고, 듣는 모든 것이 기호로 표현된다. 신호, 문서와 사진, 영상이 좋은 예이다. 출근길에 만나는 삼색의 신호등도 기호이며, 군인의 철모 속에 자리잡은 애인의 사진도 기호이고, TV 드라마나 영화도 모두 기호이다. 드라마 삼매경에 빠진 어머님들이나 아이돌그룹의 노래를 듣고 그들의 춤을 보며 넋이 나가있는 여중생들에게 가장 행복한 시간은 TV 앞에 앉아있는 그때이다. TV가 전해주는 영상기호가 그들을 행복하게 만들어 주기 때문이다. 훈련 중 벗은 김이 모락모락 피어나는 철모 속 애인의 사진은 그녀와의 아름다운 추억을 되새겨 주는 이미지 기호이며, 사진 속 그녀의 환한 웃음은 힘든 군생활의 피로를 말끔히 씻어주는 피로회복제가 된다. 부모들은 매일 아침 학교 다녀오겠다며 인사를 하는 아이에게 신호등 잘보고 길을 건너라 신신당부를 한다. 부모들은 신호라는 기호를 잘못 해석했다가는 큰 사고를 당할 수 있음을 알기 때문이다. 이처럼 기호는 우리의 일상생활 구석구석에서 우리에게 모종의 영향을 끼치고 있는 것이다.

그렇다면 기호란 무엇일까? 사물의 실체나 사회현상, 마음의 생각 중 '~을 대신하는 것'을 '기호(semiotics)'라 한다. 기호란 사물의 실체나 사회현상 혹은 우리의 생각 등을 대신하여 표현한 것이다. 이러한 기호는 두 가지 특징을 가진다. 그 첫째가 기호의 의미작용이다. 사물의 실체나 사회현상, 마음의 생각을 다른 사람도 이해할 수 있도록 하기 위해서는 '의미작용(semiosis)'이 요구된다. 두 번째 특징은 기호는 '소통(communication)'된다는 것이다. 세 번째 특징은 기호의 의미가 소통되려면 그 사회를 살아가는 사람들 간에 그 기호적 의미가 고정성을 갖고 공유되는데 있다. 네 번째 특징은 기호는 의도성을 갖는다는 것이다. 모든 의미의 전달과정에는 화자의 의도성이 함축되어 있다. 이러한 의도성은 자신의 이해관계를 지키려는 이데올로기와 함께 움직이며, 이러한 이데올로기는 특정 상황이나 사물에 대한 사회 내의 지배적인 믿음이나 개념의 다발인 신화로 발전되기도 한다. 다섯 번째 특징은 기호는 해석작용이 뒤따른다는 것이다. 기호는 고정된 것이 아니라 사회적 상황이나 맥락, 수용자의 주관성에 따라 의미가 자의적으로 해석된다. 이러한 기호의 특징들을 다음의 표에 정리해 보았다.

실제, 의미	→	표현의 매개	→	기 호
사물, 사회현상, 마음의 생각 등		말, 문자, 그림, 도표, 상징부호 등		~을 대신하여 표현하는 것, 표현된 것
	→	문자	→	장미, Rose
사랑	→	상징부호	→	
사랑하는 마음을 전해주고 싶다	→	장미선물	→	
사랑하는 마음을 표현하다	→	언어	→	사랑합니다(음성)

언어는 우리에게 많은 영향을 끼치는 대표적인 기호이다. 우리는 언어라는 기호를 통해 우리의 뜻을 다른 이들에게 전해주고, 그들이 원하는 바가 무엇인지 전해받는다. 언어라는 기호의 의미와 쓰임에 대해 사회구성원 모두가 공식적 약속과 비공식적 합의를 했기에 가능한 일이다. 엘리베이터에서 만난 이웃에게 건네는 가벼운 인사말에서부터 술의 힘을 빌린 사랑고백까지 사회적으로 의미와 쓰임새가 합의되었기에, 그 말은 인사가 될 수 있고 고백이 될 수 있는 것이다. 만약 그러한 합의가 이루어지지 않았다면 다음과 같은 일이 벌어질 것이다.

a : 식사 하셨나요?
b : 배고파 죽겠수다. 당신이 나 굶는데 모 보태준 거 있수!

c : 눈만 감으면 니 얼굴이 떠올라 잠을 못자겠어. 나 왜 이럴까?
d : 안과 가봐. 그거 눈병이야. 망막에 이상이 생기면 헛것이 보일 수 있다는데. 큰일이네.

a는 이웃의 b에게 안녕하냐는 인사로 식사의 여부를 물었지만, b의 대답에는 식사를 못해 안녕치 못한 심기가 묻어난다. c는 눈만 감으면 떠오르는 d에게 자신의 속내를 고백하고 있지만, d는 c에게 빨리 병원에 가보라며 동문서답을 하고 있다. a와 b, c와 d 사이의 사용된 언어가 각기 다른 의미와 쓰임새를 보였기에 벌어진 촌극이다. 이들 간에 언어소통이 제대로 이루어졌다면, 즉 기호의 의미와 쓰임새가 공유되었다면, 다음과 같은 대화가 이루어질 것이다.

a : 식사 하셨나요?
b : 예. 이제 들어가서 먹으려고요. 잘 지내시죠?
a : 저야 잘 지내지요. 그럼 들어가세요.
b : 예. 잘 들어가세요.

c : 눈만 감으면 니 얼굴이 떠올라 잠을 못자겠어. 나 왜 이럴까?
d : 나는 눈뜨고 있어도 세상 모든 게 너로 보이는걸. 구름도, 하늘도, 나무도 전부 다.
c : 너도 환자구나. 내가 니 병을 치료해 줄게. 나의 사랑의 주사를 맞아라. 얍!
d : 몰라. 바보. 그 주사 맞으니까 니가 더 보고 싶잖아. 약이 이상해.

이처럼 기호는 인간과 인간 사이의 어색함을 없애주고, 친밀감을 높여주며, 고민과 걱정거리를 해결할 수 있도록 도와주는 매개체의 역할을 해준다. 하늘의 별까지 따주겠다는 남자친구의 약속과 무엇이든 다 이루어내겠다는 정치인의 공약을 예로 들어보자. 두 약속은 모두 하나의 기호이다. 이 두 약속은 모두 냉정히 따져보면 그 실체가 흐릿하다. 지켜질지도 의문이다. 하지만 남자의 호언장담과 정치인의 공약은 모두 듣는 이의 마음은 확실히 편안하게 해준다. 말하는 이 또한 자신이 진실을 말하고 있다고 스스로 믿는다. 기호를 매개로 말하는 이와 듣는 이의 마음이 모두 편안해진 것이다.

학문도 어떠한 기호의 의미와 쓰임새에 동의하는 사람들이 만들어낸 새로운 기호이다. 기호를 어떻게 읽고 이해하느냐에 따라 새로운 학파가 만들어졌고, 그 안에서 학문의 체계도 완성되었다. 학문의 이름부터가 하나의 기호이다. 철학(哲學, philosophy), 문학(文學, literature), 사학(史學, history)이라는 표현 자체가 하나의 기호이다. 철학을 철학답게, 문학을 문학답게, 사학을 사학답게 만들어 주는 이론과 주장들 또한 기호로 표현된다. 수학기호로 온 세상의 진리를 설명하려 한 피타고라스를 위시한 이공계열의 학문들도 마찬가지이다. 점이라는 가상의 기호로부터 수학과 물리학이 기원했음을 생각하면 될 것이다. 이처럼 기호는 우리의 삶에 큰 영향을 끼치고 있다. 이를 기호학자 소쉬르(Saussure)는 '인간의 삶살이의 영향을 끼치는 모든 것은 기호'라는 말로, 보드리아르(Baudrillard)는 '기호는 인간 삶의 모든 것'이라는 말로 표현하였다.

기호는 인류의 과거와 현재를 이어주는 역할도 한다. 역사학자인 카(Carr)는 '역사란 과거와 현재의 대화'라고 말했다. 역사는 현대인에게 의미가 깊은 사건들을 추려낸 그 무엇이라는 말이다. 그 말은 역사란 과거의 사건 중 의미심장하게 이해되고 해석된 현대의 기호라는 뜻이다. 이를 역사학자 기어츠(Geertz)는 '역사는 인간이 짠 의미의 그물이며, 그 그물 안에서 의미를 부여받은 해석체가 곧 역사'라고 정리해낸다. 이순신 장군이 좋은 예이다. 이순신 장군은 분명히 훌륭한 장수이다. 그의 업적은 칭송받아 마땅하다. 하지만 대다수의 남학생들이 이순신 장군을 한민족의 으뜸가는 위인으로 꼽는 것은 이순신 장군이 현대를 살아가는 우리들에게 다른 어떤 위인들보다 큰 의미를 전해주기 때문이다. 그는 왜군을 물리치고 나라를 구한 장군이며, 누구도 전쟁을 예측하지 못했던 때에 전쟁준비를 철저히 한 군인이었다. 국민들의 애국심을 고취하고, 분단과 휴전의 상황을 각성시키며, 국방의 중요성을 강조시키기에 가장 적합한 기호가 이순신 장군인 것이다. 이순신 장군하면 떠오르는 이미지와 상징성은 현대적 관점에서 재해석된 기호라는 말이다.

이순신 장군과 깊은 연관이 있는 일본의 이야기를 조금 더 해보도록 하자. 요즘 한국과 일본의 관계는 어느 때보다 얼어붙어 있다. 가장 큰 이유는 과거사 문제, 즉 21세기의 일본과 한국이 20세기의 사건들을 상반된 기호로 표현해내고 있는데 있다. 그 기호들이 해석되고 소비되는 지금 두 나라의 사회상황이 서로 다르기 때문에 벌어진 일이다. 위안부할머니들이 매주 집회를 가지는 한국에서의 일제강점기는 치욕과 모욕의 기호로 표현된다. 하지만 경제대국을 넘어 군사강국을 꿈꾸는 일본에게 과거는 대동아공영을 외치던 찬란하고 당당한 기호로 표현될 수밖에 없다.

이처럼 인간은 기호를 통해 과거와 만나고 현재를 살아간다. 우리는 한순간도 기호의 도움 없이는 살아가기 힘든 존재인 것이다. 삶 속에서 진리를 깨닫고, 희망과 포부를 노래하기 위해서도 기호의 도움은 절실하다. 그러한 기호의 구조와 체계 그리고 그 의미 만들기의 방법을 일목요연하게 정리한 학문이 기호학이다. 기호학은 또한 기호를 통해 의미를 생산하고 해석하며 공유하는 행위와 그 정신적인 과정을 연구하는 학문이다. 우리는 상징(symbol)과 도상(icon), 지표(index)로써 자기의 생각을 표현하고, 다른 사람의 생각을 읽으며, 서로 의사를 소통한다. 여기서 자기생각을 표현하거나 다른 사람의 생각을 읽어내는 행위를 의미작용(signification)

이라 하고, 이를 기반으로 서로 의미를 주고받는 행위를 커뮤니케이션이라 부르며, 이 둘을 합하여 기호작용이라 한다. 기호학은 엄밀하게 말하면 이 기호작용에 관한 학문이다. 물론 이러한 기호학의 정의가 모든 학자들에게 합의된 것은 아니다. 유럽과 미국의 기호학이 다르고, 학자마다 기호학에 대한 의견이 엇갈리기 때문이다. 하지만 이러한 의견의 다름과 조율을 다루는 것이 이 책의 목적이 아니기에, 이 책에서는 대표적인 기호학자들의 이론을 중심으로 기호작용과 의미작용에 대해 알아보도록 한다.

1) 소쉬르의 기호

소쉬르에 따르면, 기호는 기표(記表, signifiant)와 기의(記意, signifié) 그리고 기호 자체로 구성된다. 다음의 사진을 예로 소쉬르가 이야기한 기호에 대해 조금 자세히 살펴보도록 하자.

▌서울 종로구 보신각 앞에서 이주노동자들이 고용허가제 폐지와 노동권 보장을 촉구하며 집회중이다. 출처 : 중앙일보.

앞 사진에서 이주노동자들은 한국정부의 이주노동정책(이주노동자 사업장이동 제한정책)에 항의하며 시위를 벌이고 있다. 위 피켓은 이주노동자들이 자신들을 고용한 사장들에게 자신의 성난 마음을 전달하기 위한 기호이다. 물론 이주노동자의 굳게 다문 입과 고용의 자유를 기원하는 'Free Job Change'라는 문구도 하나의 기호로 볼 수 있지만, 피켓 자체에만 집중하여 소쉬르의 이론을 이해해 보도록 하자. 피켓은 예로부터 사회적 · 정치적 힘이 약한 이들이 자신들의 결연한 의지를 담는 기본적인 도구로 사용되어 왔다. 피켓을 들었다는 것 자체가 시위의 시작을 알리는 신호였다. 피켓은 이를 만들기 위해 많은 이들이 기회비용을 써가며 모였으며, 피켓의 문구를 만들어내기 위한 울분의 토론이 있었음을 보여주는 증표이다. 피켓 자체만으로도 문제가 어느 정도 심각해져 있음을 나타낼 수 있는 것이다. 마치 축구경기의 레드카드나 옐로우카드처럼 말이다. 현대의 축구경기에서 반칙행위나 부정행위로 인해 경기의 진행이 어려움에 처해졌을 때 이러한 문제상황을 대표하는 기호가 옐로우나 레드 카드이다. 이 카드들이 등장했다는 것 자체가 경기가 매우 거칠게 진행되고 있으며, 반칙이나 비신사적 행위가 나타났음을 뜻하는 것과 같은 것이다.

하지만 이주노동자들이 앞 사진에 보이는 피켓을 집회장소가 아닌 자신이 일하는 공장의 직원휴게실에서 사장이나 공장장에게 불쑥 보여주었다고 가정해 보자. 불쑥 건네받은 피켓에 반응할 사장이나 공장장은 거의 없을 것이다. 그 피켓은 아마 쓰레기통으로 직행할 공산이 크다. 이 경우 피켓이 기호가 되지 못한 이유는 기호가 갖추어야 하는 두 가지 요소가 부족하기 때문이다. 기호는 생성과정에서 반드시 두 가지 요소를 갖추어야 한다. 첫 번째로 추상적 관념이 필요하다. "나는 현재의 이주노동자 사업장 이동제한정책에 정말로 화가 났다. 나는 내가 일하고 싶은 일터를 내가 고르고 싶다"는 추상적 관념이 필요한데, 이것을 기의라고 부른다. 기의는 이주노동자의 머리나 가슴 속에 들어있는 정신적 의미이기 때문에 이것을 표현해내기 위해서는 의미의 운반체가 필요하다. 아무리 추상적 관념이 강해도 그것이 적절히 표현되지 못하면 누구도 그 기의를 알 수 없기 때문이다. 이러한 의미의 운반체를 기표라고 부른다. 기표가 기호를 만들어내기 위해 필요한 두 번째 요소이다. 위 사진에서 이주노동자들이 들고 있는 피켓이 그들의 성난 마음의 전달체인 기표이다. 피켓은 이주노동자들이 사업장이동의 제한, 물리적 폭력 같은 인권침해, 임금체불 등을 경험하며 화가 많이 나있고, 이 문제가 해결되지 않는다면 심각한 상황이 전개될 수도 있다는 의미를 전달하는 기표가 되는 것이다. 마치 아래 사진의 같은 시위참가자들이 이주노동정책, 단속, 나쁜 사장님에 대한 울분 등을 적은 나무판에 던지는, 피켓은 의미의 전달체인 기표가 되는 것이다. 이러한 기표로서의 피켓이 이주노동자들의 성난 마음, 불만, 부정적 경험이라는 기의와 결합하여 하나의 기호(sign)로 완성되는 것이다.

서울 종로구 보신각 앞에서 이주노동자들이 고용허가제 폐지와 노동권 보장을 촉구하며 고용허가제와 단속, 그리고 나쁜 사장님을 향해 물폭탄을 던지는 퍼포먼스를 하고 있다.
출처 : 중앙일보.

이처럼 기호는 기표와 기의의 결합을 통해 만들어진다. 이 과정에서 의미가 함께 만들어진다. 이를 의미작용이라고 부른다. 의미작용은 기호를 만들어낼 때에만 일어나는 것이 아니고 기호의 의미를 풀이할 때에도 일어난다. 가령 고용주들은 이주민들의 피켓을 보았을 때, 그들은 울긋불긋한 피켓(기표)에 성남, 한계에 다다른 인내, 불만(기의)이라는 의미가 결합되어 있다는 것을 알아채야 한다. 그들이 피켓을 보고, "이주노동자들이 지금의 상황에 대해 큰 불만을 가지고 있구나. 그들이 정말로 화가 났구나"라는 생각을 하게 됐다면, 이주노동자들이 의도한 의미작용은 적절하게 일어난 것이다. 이처럼 피켓이라는 기호를 매개로 한 의미작용이 적절히 일어났을 때, 이주노동자들과 고용주들은 성공적인 커뮤니케이션을 이루어냈다고 말할 수 있다. 반대로 이주노동자들은 자신들의 결연한 의지를 피켓에 담았지만, 그 피켓을 보는 고용주는 그 피켓을 체육대회의 응원판으로 알 수도 있다. 혹은 고용주가 영어를 못 읽는 경우에는 이주노동자와 고용주의 의미작용이 이상한 방향으로 일어날 수밖에 없을 것이다.

기표와 기의에 대해 한 가지 더 알아두어야 할 점이 있다. 기표는 듣고, 보고, 만질 수 있는 물질을 통해 작용한다는 것이다. 사랑하는 이의 꽃, 이주노동자의 피켓처럼 말이다. 반면 기의는 마음속에 일어나는 정신적・추상적 개념이다. 기의는 '어떤 것에 대하여 언급된 말'인 기표에 대응하는 말이라고 이해해도 무방하다. "이 피켓은 무엇인가?"라고 피켓을 본 고용주가 물었을 때, '이것'에 해당하는 물체가 기표이다. 이주노동자들이 "그건 우리들의 울분을 모아 눈물로 쓴 피켓입니다"라고 답했을 때, '피켓에 대응하는 말'이 기의이다. 당연한 말이지만, 커뮤니케이션이 일어나고, 의미작용이 일어난 후 결국 우리의 마음을 움직이게 하는 것은 기의이다. 그들의 절절한 바람이 곧 기의이기 때문이다. 물론 기표도 기의 못지않게 중요하다. 요컨대 이주노동자들이 들고 온 피켓이 없어지거나 부서진 후에도 고용주들의 뇌리에 기표로서의 피켓은 인식되고 저장되기 때문이다. 그리고 이렇게 인지구조 속에 자리한 기표는 비슷한 상황이 생기면 유사한 의미작용을 이끌어내기도 한다. 자라 보고 놀란 가슴 솥뚜껑 보고 놀라는 것이다. 또한 아무리 맛있는 음식도 개밥그릇에 담으면 사람이 먹을 수 없듯이, 강렬한 기의도 적절한 기표에 담기지 못하면 기호로 작용하기 어렵다고 할 수 있는 것이다. 쉽게 말해, 기표는 정신세계와 의미의 세계로 입장하기 위한 표라고 이해해도 좋을 것이다.

2) 퍼스의 기호

퍼스에게 기호는 이 세상에 존재하는 모든 것이다. 그는 나무나 동물 같은 자연의 존재물에서 몸짓, 그림, 문자에 이르는 모든 것을 기호로 보았다. 그에 의하면, 기호에는 도상(icon), 지표(index), 상징(symbol)의 세 가지 유형이 있다.

(1) 도상적 기호(iconic sign)

퍼스는 일상적인 커뮤니케이션에서 도상적 기호가 유용하게 활용된다는 사실을 강조한다. 가령 외국에서 길을 잃은 한국사람이 가고자 하는 장소를 한국어로 아무리 설명해도 외국인에게서 어떤 도움도 받지 못하지만, 그 장소의 사진을 보여주면 쉽게 도움을 받을 수 있는 것도 모두 도상적 기호 덕분이라는 것이다.

도상적 기호는 지시대상과 닮은꼴을 하고 있거나 유사성을 가진 기호이다. 대상이 존재하지 않더라도 그것을 의미할 수 있는 속성을 가진 기호이기 때문에 일차성을 띠는 기호라고 부를 수 있는 것이다. 자신이 가진 속성을 통해서 자신이 지시하는 대상을 지칭하는 기호이며, 어떤 것을 닮았기 때문에 그것을 대신하는 기호이다. 또한 대상을 너무나 완벽하게 대체하기 때문에 대상과 거의 구별되지 않는 기호이기도 하다. 지시대상과 유사성을 갖고 있으며, 기호의 질적 속성과 대상의 질적 속성 사이의 상관관계가 높다. 젊은이들이 채팅과 문자를 보내며 주로 사용하는 이모티콘이 전형적인 도상적 기호이다. 도상적 기호들은 그 기호와 지시대상 사이에 존재하는 어떤 유사성에 착안한 것이다. 'ㅠ ㅠ'라는 도상은 눈물이 뚝뚝 떨어지는 모습을, '目' 자는 눈이라는 실물을, '야옹'은 고양이의 울음을 도상으로 표현한 것이다. 이처럼 도상은 기호와 그 지시대상 사이의 유사성에 근거하여 의미작용을 기능하게 하는 기호이다. 사물의 형태를 유사하게 재현하는 그림이나 사진뿐만 아니라, 개나 고양이의 소리를 흉내낸 의성어나 생각의 논리적 흐름을 재현하는 다이어그램 등도 도상적 기호라 볼 수 있다.

(2) 지표적 기호(indexical sign)

지표적 기호에서 말하는 지표란 대상체와 인과관계를 통해, 혹은 실존적 자원에서 연결되어 있는 기호를 의미한다. 불이라는 대상체가 있다면 연기는 그 대상체에 대한 지표인 것이다. 유기체인 한 인간에게 병이 있으면 실존적 차원에서 열이 난다거나 오한이 오는 등의 지표가 나타난다. 지표적 기호는 자신이 대상에 의해 실제로 영향을 받아 자신이 지시하는 대상을 지칭하는 기호이다. 어떤 대상에 의해 영향을 받아야만 만들어질 수 있는 기호이기에 지표적 기호는 그 대상과 특정 성질을 공유한다. 사진이 대표적인 예이다. 사진은 그것이 재현하고자 하는 물체나 상황을 100% 똑같이 재현해낸다. 또한 지표적 기호는 어떤 대상의 영향을 받아 나타나는 결과를 나타내는 기호라고도 할 수 있다. 예를 들면, 공장에서 일을 하던 이주노동자가 몸살이 나서 열이 39도까지 치솟았다면, 여기서 39도의 열은 지표가 되고 그 지표에 대한 원인은 몸살이 되는 것이다. 이름표는 그 사람이 누구인지 알리는 지표이고, 문을 노크하는 소리는 누군가가 와있다는 지표이며, 얼굴의 멍은 폭력의 지표이고, 고급양복은 부의 지표로 사용된다. 기호와 그 지시대상 사이에 인과관계나 서열관계 같은 구체적이고 실제적인 관계가 있는 경우를 지표적 기호라 할 수 있는 것이다.

(3) 상징적 기호(symbolic sign)

도상이 유사성을 기반으로 하고, 지표가 인과성에 기대고 있다면, 상징적 기호는 자의성을 그 특징으로 한다. 소쉬르의 자의성과 일맥상통하는 부분이다. 상징적 기호와 그 지시대상 사이에는 유사성이나 인과적 관계만 존재하는 것이 아니라는 것이다. 상징적 기호는 소쉬르의 기표와 기의의 관계처럼 자의적 연결의 결과물이다. 장미가 사랑을 상징하고, 백합이 순수를 상징하게 된 것은 어떠한 논리적 인과성이 있어서가 아니라, 자의적 관행의 산물이라는 것이다. 누군가가 사랑을 고백하며 장미를 든 것이 관습으로 굳어진 것이고, 순수한 여인을 백합에 비유한 어떠한 음유시인의 노래가 백합을 순수의 상징으로 만들었다는 것이다. 이 모든 과정은 필연적으로 이루어진 것이 아니라 자의적인 관행의 결과라는 것이다.

언어는 전형적인 상징적 기호이다. 저자들이 박천응과 한진상이라는 이름으로 불리게 된 것은 순전히 우연이다. 개똥이, 말똥이라고 불려도 아무런 문제가 없음에도 저자들은 박천응, 한진상이라고 불리고 있는 것이다. 다문화라는 단어도 마찬가지이다. 왜 다문화인가? 누군가 multiculture라는 용어를 다문화라고 해석하기 시작하면서 다문화라는 용어가 쓰이기 시작한 것이다. 다문화와 지금의 다문화적 상황과는 아무런 연관이 없을 수도 있지만, 그것은 큰 문제가 되지 않는다. 어떤 용어가 지칭하거나 설명하는 상황과 그 용어의 개념과의 관계는 유상성이나 일치하는 속성이 필연적으로 요구되지는 않기 때문이다. 즉, 무엇이 무엇이라는 해석체가 없다면 그것을 기호로 만드는 속성을 잃어버리게 될 기호가 상징적 기호인 것이다.

이러한 세 가지 기호를 그림으로 정리하면 다음과 같다.

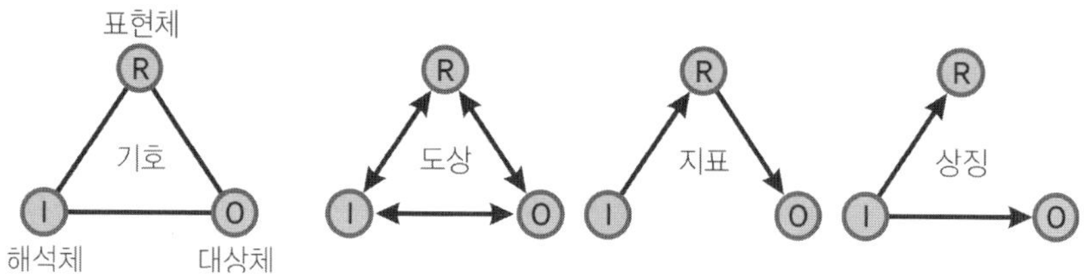

이러한 세 가지 기호는 각각의 분리된 기호의 개념으로 구분하는 것보다는 기호가 가진 세 가지 측면으로 보는 것이 더욱 맞을 것이다. 즉, 기호는 도상이면서 동시에 상징일 수 있고 그것이 지표일 수도 있기 때문이다. 예를 들면, 해변을 거닐며 찍은 발자국은 내가 없었다면 존재할 수 없으나 발자국은 존재할 수 있는 것이다. 또한 은유는 확립된 법칙이나 습관이 아닌 상징을 창조할 수 있다. 여자의 마음이 갈대라는 표현은 은유이다. 수시로 바뀌는 여자의 마음과 바람에 수시로 나부끼는 갈대의 의미가 일맥상통하는 것이다. 여기서 갈대는 도상이 될 수도, 상징이 될 수도 있는 것이다. 퍼스는 지표는 도상을 포함하고 상징은 도상과 지표를 포함한다고 말하고 있다. 단지 상황에 따라 하나의 속성이 다른 속성들보다 우월한 지위를 가질 뿐이라는 설명이다. 따라서 어떤 기호를 도상으로만 파악하거나 지표로만 이해하는 것은 기호를 파편적으로 이해하는 것이 될 수 있다. 결국 도상, 지표, 상징은 기호의 과거, 현재, 미래라는 삶 전체를 파악하는데 있어 모두 필요한 속성이다. 사진을 예로 들어보도록 하자. 사진은 도상이며 동시에 지표이고 상징이다. 사진은 그림과 마찬가지로 유사성을 통해 대상을 지칭한다. 하지만 동시에 사진은 그림과는 달리 대상과 물리적으로 연결해 주기도 한다.

▌서울 보신각 앞에서 열린 '노동3권 보장, 단속추방 반대, 고용허가제 폐지, 노동비자 쟁취를 위한 2013 이주노동자 메이데이 집회' 중인 한 이주노동자가 불법사람은 없다는 피켓을 들고 있다.
출처 : left 21.

위 사진을 예로 들어보자. 우선 위 사진이 만들어지는 과정을 생각해 보자. 사진기자는 집회의 현장에서 위 노동자를 보고 사진을 찍었을 것이다. 그 대상에서 나온 빛이 사진기자의 사진기 속에서 기계적 조작의 과정을 거쳐 하나의 영상으로 만들어졌을 것이다. 또한 위 사진은 은유로도 기능한다. 이주노동자가 '불법사람'으로 취급받고 있다는 은유가 사진을 보는 우리의 마음속에서 작동하고 있기 때문이다. 우리는 이 사진을 보고 이주노동자들의 처우와 그들이 처한 열악한 현실을 유추하게 된다.

2. 기호학이란 무엇인가?

우리는 매일같이 기호에 둘러싸여 생활한다. 아침에 눈을 떠 잠자리에 들 때 까지 보고 듣고 만지는 것은 물론이요, 생각하고 상상하고 판단하는 것 모두가 기호로 이루어져 있다. 우리가 느끼지 못할 뿐이지 우리 삶의 전 과정에서 기호의 영향을 받는다고 해도 과언이 아니다. 예를 들어, 사랑의 기호로 사용된 남자의 꽃다발의 의미를 곡해하면, 그 남자의 사랑은 스토킹으로 느껴질 뿐이다. 여성의 촉촉한 눈빛이 전달하는 간절한 기호를 제대로 읽어내지 못하면, 상대방 남자는 평생 솔로로 외롭게 늙을 것이다. 기호들이 생동하고 있는 장에서 그 구조와 의미를 제대로 읽어내지 못하면 사회생활은 물론이요, 개인생활에서도 많은 어려움을 겪을 수밖에 없다. 이러한 기호들이 역동하는 장을 '텍스트(text)'라고 부를 수 있다. 바르트(Barthes)는 텍스트를 설명하면서 텍스트는 독자 및 구성원들 간의 의미생성이 가장 자유롭게 일어날 수 있는 곳이라고 이야기한다. 우리는 대부분의 기호들을 개별의 기호보다는 텍스트라는 묶음으로 이해하는데, 그 텍스트에서 의미가 도출된다는 것이다.

꽃다발을 든 남자의 경우를 다시 예로 들어보자. 그 남자는 꽃이라는 기호를 통해 여자에게 자신의 사랑을 보여주려 했다. 하지만 그가 무릎이 툭 튀어나온 츄리닝에 신문지로 둘둘만 꽃을 들고 입냄새를 풍기며 사랑을 이야기한다면, 그가 전하려는 사랑은 여자에게는 공포로 느껴질 수 있다. 두렵지는 않더라도 로맨틱한 분위기는 절대로 만들어내지 못한다. 그의 사랑은 그녀가 서있는 공간이라는 텍스트 안에서 종합적으로 해석되기 때문이다. 남자의 옷, 머리, 향기, 분위기 같은 여러 가지 기호들이 텍스트라는 틀 안에서 조화를 이루어야만 그의 사랑은 정확하게 그녀에게 전해질 수 있는 것이다. 기호학은 이러한 기호들의 조합인 텍스트를 분석하고 그 안에서 의미를 만들어낼 수 있도록 돕는 학문이라고 할 수 있다.

아직도 텍스트에 대한 이해가 어렵다면 책읽기를 생각해 보자. 글은 가장 대표적인 텍스트이며, 책을 읽는 과정은 텍스트를 읽어내는 가장 흔한 예라고 할 수 있다. 우리는 책을 읽을 때 글과 그림 그리고 여백과 책의 디자인까지 여러 기호들을 통합적으로 책이라는 텍스트 안에서 소비하는 것이다. 물론 책을 읽으며 독자가 그려내는 상상과 공상도 그 텍스트 안에서 만들어지는 하나의 기호이다. 텍스트의 또 다른 예들은 이미지, 신화, 이야기, 신문, 영화, 사진, 광고, 예술작품 등이다. 모두가 우리가 일상적으로 대하는 것들이다. 나아가 법칙과 법률, 정책 또한 하나의 텍스트라고 부를 수 있다. 기호학은 이러한 텍스트를 분석함으로써 기호들 간의 관계를 규명하고, 의미를 생산하고 해석하며 공유하는 행위와 그 정신적인 과정을 연구하는 학문이라고 할 수 있는 것이다.

기호학의 창시자 중 한 사람인 스위스의 기호학자 소쉬르(Saussure)는 기호학을 '사회 안에서 일어나는 기호들의 삶에 대해 연구하는 학문'이라고 정의했고, 미국의 기호학자 퍼스(Peirce)는 '기호들의 과학'을 기호학이라 불렀다. 두 학자의 정의를 조합하면, 기호학은 '언어적이든 비언어적이든 기호를 연구하는 학문'으로서, 기호를 철학적, 심리적, 사회적, 언어학적 관점에서 분석한다고 말할 수 있다. 모리스(Morris)는 어떤 것이 기호로서 작용하는 과정을 기호상태(semiosis)라고 부르는데, 이 기호상태를 연구하는 학문을 기호학이라 부른다. 현대 기호학은 일반적으로 문화현상과 과정에 초점을 맞추고 있지만, 문화현상과 관련되어 일어나는 모든 현상인 정치, 경제, 종교, 사회현상 등에도 주목한다. 좀 더 근본적으로 말하면, 기호학은 기호에 의해 일어나는 모든 현상을 다루는 학문이라고 말할 수 있는 것이다.

기호학 연구는 인간의 모든 감각기관을 통한 의사전달의 양식을 분석하는 데 응용되고 있다. 이 방면에 관심을 두고 있는 사람들은 주로 인류학자, 언어학자, 심리학자, 사회학자들인데, 청각, 시각, 몸짓의 의사전달 연구, 접촉행위에 대한 연구, 맛과 냄새에 대한 연구 등을 수행하고 있다. 특히 유럽에서 기호론은 언어뿐 아니라 음악, 식사, 의복, 무용과 같은 신호체계를 분석하는 데 이용되고 있어 '기호체계론'으로 발전하고 있다. 기호학에서는 기호의 조직원리를 코드(code)라고 부르고, 코드에 의해 생산된 산물을 일반적인 말로 텍스트(text)라고 부른다. 그 텍스트 속에서 저자와 독자는 끊임없이 싸우며 의미를 만들어내고, 부수고, 또 만들어낸다. 텍스트는 온갖 이미지(image), 특정한 대상으로 다른 대상을 나타낸 은유(metaphor), 유사성이 깊은 대상을 이용하여 다른 대상을 표현한 환유(metonym), 특정 상황이나 사물에 대한 사회 내의 지배적인 믿음이나 개념의 다발인 신화(myth), 그 신화를 특정한 계급의 이해관계에 따라 자연스러운 것으로 받아들이게 해주는 이데올로기(ideology) 등의 상징체계들을 포함하고 있다. 이런 상징체계들은 신문, TV, 영화, 만화, 연속극, 광고, 잡지 등과 문학과 예술작품 같은 다양한 텍스트들 속에 풍부하게 들어있어서 우리가 날마다 대하는 것들이다. 즉, 우리는 매일같이 기호의 영향을 받으며 살아가고 있는 것이다. 또한 자신도 모르는 사이 기호를 만들어내고 그 기호를 다른 이들과 공유하기도 하는 존재인 것이다. 모든 인간은 근본적으로 기호의 제작자이고, 자기 자신이 만들어 놓은 기호의 테두리 안에서 살아가는 존재라는 것이다. 그래서 기호는 우리의 것임에 동시에 우리들은 기호의 우리(the cage of signs) 속에 산다.

또한 최근의 기호학은 정념의 기호학, 뇌 기호학뿐 아니라 기호학을 정치・경제학의 영역에까지 학문적 영역을 넓히고 있다. 기호학 자체가 사회학, 심리학, 미학 및 예술분야에 이르기까지 다른 학문들의 연구방법으로 사용되고 있으며, 다른 학문과의 융・복합적 연구도 활발히 이루어지고 있다.

01. 기호의 의미와 기호의 종류를 우리 생활 주변에서 찾아보시기 바랍니다. 그렇게 찾아낸 기호의 특징은 무엇인지 적어보시기 바랍니다.

02. 다음 사진은 친구라는 뜻의 영화 〈반두비〉의 포스터입니다. 아래 사진을 보고 이주노동자와 한국인 여성의 조합하면 떠오르는 생각들을 정리해 보고, 그 생각들의 의미가 무엇인지 간략히 적어보시기 바랍니다.

03. 이주노동자 한 명이 몇 달째 임금을 받고 있지 못하고 있습니다. 설상가상으로 고향의 그의 가족은 병중에 있고요. 보다 못한 친구들이 그의 공장 앞에서 농성을 벌입니다. 그런데 친구들의 도움에도 불구하고, 사장은 이주노동자의 임금을 지급하지 않았습니다. 이러한 상황을 기호학적으로 표현해 보세요.

CHAPTER

02

다문화의 기호학을 통해 다문화사회를 읽기 위한 방법들

CONTENTS

CHAPTER 02

다문화의 기호학을 통해 다문화사회를 읽기 위한 방법들

1. 기호의 변증법적 합성

우리는 무엇인가를 정의할 때, 이분법의 과정을 통해 정의에 이른다. 우선 나와 다른 것(나 아닌 것)으로, 다른 것의 모양과 그것의 배경으로, 그 다른 것의 기호와 그 다른 것 자체로 갈라져나간다. 예를 들면, 다문화적 가치가 무엇인지를 알려면 다문화적 가치가 아닌 것들을 구분해내야 한다는 것이다. 인종차별, 배타, 무시 등의 개념을 다문화적 가치에서 우선적으로 제거해야만, 공존, 포용, 인정 같은 가치들이 다문화적 가치로 인정받을 수 있는 것이다. 이러한 구분법을 '이항대립'이라고 부른다. 우리가 의심 없이 받아들이고 있는 이주민에 대한 다문화적 신화는 한국인의 문화와 이항대립을 통해 만들어진다. 이주민들이 주로 모여 사는 지역이 더럽고 위험하다는 신화는 그와 대비되는 한국인 중산층의 거주지역이 깔끔하고 안전해야만 만들어질 수 있는 신화이다. 이주민들의 얼굴이 검다는 신화도 한국인들의 얼굴빛이 그들에 비해 밝을 때만 참이다. 신화는 특정 상황이나 사물에 대한 사회 내의 지배적인 믿음이나 개념의 다발이라고 정의된다. 이러한 신화는 지배적이지 않은 믿음이나 개념과의 대립을 통해서 자신의 위치를 공고히 하는 것이다. 따라서 이주민들의 문화를 이야기하기 위해서는 그와 대비되는 우리의 문화가 무엇인지 정의되어야 하고, 우리의 문화가 무엇인지 알아야만 한국문화에 우월성을 부여할 수 있는 것이다. 한국문화를 이주민들에게 강요하기 위해서는 이주민들의 문화는 반드시 저급하거나 야만의 속성을 가지고 있어야만 하는 것이다. 즉, 우리가 만들어낸 다문화적 신화는 모두 이러한 이항대립의 논리 속에서 만들어졌다 할 수 있다. 아래는 그러한 이항대립의 예들을 적어본 것이다.

나 : 너
우리의 문화 : 그들의 문화
단일문화 : 다문화
질서정연함 : 무질서하고 더러움
공존 : 배제
한국인 : 이주민

기표와 기의의 이항대립 쌍에 대해서는 추가적인 설명이 필요하다. 앞서 이야기한 것처럼, 기표는 우리가 무엇을 듣거나 볼 때, 그 대상을 대표한다. 이주노동자들이 피켓을 들고 시위를 벌이는 장면을 다시 예로 들어보자. 이주노동자들이 동료들이 단속된 어떤 시청 앞에서 시위를 벌였고 시장의 면담을 요청했다고 가정해 보자. 시장은 그들의 면담요구를 단호히 거절했고, 이주노동자들은 시장을 만나겠다며 청사 안으로 들어갔다고 생각해 보자. 어찌어찌 시장실 앞까지는 왔지만 시장실의 문이 굳게 닫혀있어 문 앞에서 길이 막힌 상황이다. 이주노동자들은 화가 나서 자신들이 만든 피켓을 시장실 문에 힘껏 던졌고, '쾅' 하는 소리와 함께 시장실의 문에 부딪쳐 떨어졌을 것이다. 시장은 시장실 안에서 다른 손님과 차를 마시던 중 쾅하는 소리에 놀라 "이게 무슨 소리지?"라고 생각했을 것이다. 전에도 성난 군중들에게 수차례 욕을 본 경험이 있었다면, 그 시장은 "이놈들이 또 시작이군!"이라는 기의와 그 소리를 연결시킬 것이다. 반면 그러한 경험이 전혀 없는 시장이라면 "이게 무슨 소리지? 강도인가? 폭도인가?"라고 생각을 했을 수도 있다. '쾅' 소리에 대한 사전 경험이 없는 시장의 경우, 이 소리가 무엇인지 알게 되려면(그 소리가 의미있는 기호가 되기 위해서는) 기표와 기의의 변증법적 합성이 일어나야 하는 것이다. 문을 열고 이주노동자들의 피켓을 확인하는 순간 시장의 마음속에서는 기표와 기의의 변증법적 합성이 완성된다. '쾅' 소리(기표)는 피켓이 날아와 문에 부딪치는 소리였음(기의)을 알게 되었기 때문이다. 일단 이 합성이 일어나면 '쾅' 소리는 피켓의 기호가 된다. 소쉬르는 이러한 기표와 기의의 총합을 기호라고 정의한 것이다. 따라서 소쉬르의 기호는 세 가지의 다른 요소들로 이루어져 있다. 하나는 외부세계가 공급하는 기표, 둘째는 마음이라고 하는 내부세계가 공급하는 기의, 셋째는 이 두 가지가 합성되어 표상의 세계에 편입되는 기호다. 아래 그림은 이 세 가지 관계를 종합해서 나타낸 것이다.

기호	:	기표	+	기의
↑		↑		↑
표상세계		외부세계		내부세계

2. 기호의 자의성

기호의 자의성을 이야기하기 위해 피켓의 이야기를 다시 해보자. 이주노동자들이 울분을 삼키며 만든 피켓(기표)은 성남, 인내의 한계(기의)과 합쳐져 이주노동자에 대한 정책의 변화를 요구하는 기호로 완성됐다. 이 과정에서 기표와 기의 사이에 존재하는 자의성(arbitrariness)을 지적하고자 한다. 기호가 만들어질 때 기표와 기의는 기호 제작자 마음대로 연결된다. 기호를 이루는 기표와 기의 사이의 연결은 뿌리와 가지, 꽃과 열매 같은 자연적 연결(natural connection)이 아닌 꽃과 불특정 벌의 조합처럼 자의적 연결로 맺어진 쌍이라는 것이다. 이러한 자의성은 기호생산에 무한성을 가져다 주었다. 이러한 자의성 덕분에 무수한 기호의 생산이 가능해진 것이다. 이주노동자들은 자신들의 울분을 담아 혈서를 썼지만 시장은 그 혈서를 보고 이주노동자 노래자랑의 초대권이라고 생각할 수도, 자신에게 보내는 연서라고 생각하고 얼굴이 붉어질 수도 있는 것이다. 그것이 기표와 기의의 자의성이다. 다음은 기호의 자의성을 설명한 에코의 글이다.

기호학은 기호로 쓸 수 있는 모든 것에 관련되어 있다. 어떤 다른 것을 의미 있게 대체할 수 있는 것이면 무엇이든 기호가 될 수 있다. 어떤 다른 것이란 기호가 그것을 표상하고 있는 시간에 꼭 있어야 할 필요가 없고 실제로 다른 곳에 있어도 된다. 그래서 기호학은 원칙상 거짓을 말하기 위해 쓰이는 모든 것을 연구하는 학문이다.

기호의 자의성은 기호의 표상성과 연관이 깊다. '어떤 다른 것을 의미 있게 대신할 수 있는 것이면 무엇이든 기호가 될 수 있다'는 말은 기호의 표상성을 나타낸다. 한 기표가 다른 어떤 것을 표상함으로써 기호가 될 수 있다는 것이다. 이러한 기호의 표상성을 잘 나타낸 기호학자가 퍼스이다.

그림에서 왼쪽 기호는 자기 자신 이외의 어떤 것, 즉 물체를 대표한다. 예로 그림 오른쪽 꼭대기에 있는♡(하트모양)은 기호로서, 심장(염통)을 표상한다. 삼각형 그림 왼쪽의 해석체(사랑)는 기호에 의해 일어나는 어떤 정신적 개념이다. 이런 해석체는 물론 기호 사용자의 과거 경험으로부터 떠오르기도 한다. 하트모양의 기호가 유발시키는 정신적 개념은 사랑이다.

만들어진 기호는 두 가지 일을 동시에 수행한다. 기호가 일단 만들어지면, 그것이 대표하고 있는 어떤 것(물체 또는 대상체)을 은연중에 항상 지시한다. 그래서 대상체는 기호 주변에 있어도 좋고 없어도 좋다. 좀 더 나가면 기호는 실제 대상체를 잠적시키는 역할을 한다고 말할 수도 있다. 기호는 대상체를 시야 밖으로 사라지게 한다. 대표만 있으면 되는 것이다. 퍼스는 대상체가 기호 주변에 얼씬거리면 기호가 대표로서의 구실을 수행하는 데 방해가 된다고까지 말한다.

3. 의미 만들기와 커뮤니케이션

이병헌이 열연한 영화 <달콤한 인생>에서 주인공 선우(이병헌 분)는 강 사장(김영철 분)에게 총을 겨누고 묻는다. "저한테 왜 그랬어요? 말해봐요", "저한테 왜 그랬어요", 강 사장이 답한다. "넌 나에게 모욕감을 줬어" 다시 선우가 묻는다. "아니 그런 거 말고 진짜 이유를 말해봐요", "말해봐요", "저 진짜 생각 많이 해봤는데 정말 모르겠거든요", "말해봐요", "우리 어떻게 하다 이렇게 된 거죠?", "저 진짜로 죽이려고 그랬습니까?"

▌영화 <달콤한 인생>에서 주인공 선우(이병헌 분)가 강 사장(김영철 분)에게 총을 겨누고 자신을 죽이려 했는지, 그 이유는 무엇이었는지 묻는 장면이다.

위 영화에서 선우는 강 사장의 기호를 잘못 이해해서 곤경에 빠진다. 그리고 강 사장의 머릿속에서 일어난 의미작용의 전말을 알기 위해 그에게 총을 겨눈다. 그리고 그가 뱉은 "넌 나에게 모욕감을 줬어"라는 말을 듣고 또 다시 진짜 의미를 말하라고 강 사장을 재촉한다. 두 주인공은 끝까지 의미작용의 합일을 이루지 못하고 강 사장은 선우의 총에 죽고 만다. 커뮤니케이션의 실패가 죽음으로 이어진 것이다.

위 영화에서처럼 상대방이 내가 의도한 의미와 다른 의미작용을 일으켰다면 그 커뮤니케이션은 실패한 것이다. 나와 그가 만들어낸 의미가 다르기 때문이다. 한국사람들이 처음 미국과 유럽으로 이민을 갔던 과거를 떠올려 보자. 낯선 타국의 거리는 생존과 연결된 전쟁터였을 것이다. 언어를 해석하고, 어떤 심벌의 의미를 이해하고, 새로운 지표를 이해하기 위해 그들은 부단히 애를 썼을 것이다. 이민 1세대들이 개먹이용 고기 통조림을 개고기 통조림으로 알고 즐겨먹었다는 이야기나, 마일을 킬로와 헷갈려 항상 과속을 했다는 이야기들은 모두 그 사회의 기호의 해석과 의미작용을 곡해해서 벌어진 일화들이다. 상황은 다르지만 그러한 오해는 지금도 세계 곳곳에서 벌어지고 있다. 한국의 국력이 신장되면서 한국인들의 편의를 봐주기 위한 그들의 노력이 도리어 한국인들의 기분을 상하게 하거나 실수를 유발시키고 있는 것이다. 아래 그림은 일본과 미국에 세워진 한국어간판들이다. 첫 번째 간판은 한국인들의 감정을 상하게 하고, 두 번째 것은 한국어가 도리어 커뮤니케이션에 방해가 된다. 화장실벽에 영어나 한자 없이 한글로만 말레라 쓰여 있었다면 이를 해석해낼 수 있는 한국인은 없을 것이다.

한글이 잘못 표기된 표지판들의 예이다. 이런 표지판들은 한국인들의 기분을 상하게 하거나 현지인과의 커뮤니케이션에 도리어 방해가 될 수 있다.
출처 : 인터넷.

이런 간판들은 한국에서도 쉽게 눈에 띈다. 외국에서 한국인들이 겪었을 감정을 이주민들이 고스란히 경험하고 있는 것이다. 다음 사진들은 이주민들과의 커뮤니케이션을 방해하는 잘못된 간판들의 예이다.

외국어가 잘못 표기된 표지판들의 예이다. 이런 표지판들은 외국인들의 기분을 상하게 하거나 한국인과의 커뮤니케이션에 도리어 방해가 될 수 있다.
출처 : 인터넷.

이주민들의 수가 더욱 늘어나고, 한국사회가 다문화화될수록 다문화적 기호들은 거리를 더욱 메우게 될 것이다. 다문화적 기호를 읽고 해석하고, 의미를 만들어내는 문제는 이주민들과 어울려 살아가는 한국인들의 숙명이 될 수밖에 없다. 벌써부터 이주민들의 기호를 곡해해서 벌어지는 커뮤니케이션 갈등은 셀 수 없이 나타나고 있다. 아이 머리맡에 칼을 놔두는 베트남 출신 며느리와 시어머니의 갈등, 왼손으로 무슬림노동자의 어깨를 토닥이며 격려하는 사장과 그게 못마땅한 노동자, 거리에 침을 무시로 뱉는 중국인과 이를 욕하는 한국인 등 그 예는 실로 다양하다.

4. 그레마스의 기호사각형

그레마스의 기호학은 기호와 언어 및 문학적 텍스트의 분석에만 국한된 것이 아니라 다양한 담론분석에도 응용이 가능하다. 그레마스의 기호학을 활용하여 다문화텍스트와 기호의 분석을 넘어선 다문화정책이나 담론의 분석이 가능한 것이다. 그레마스는 분석의 차원을 넘어서 의미생성의 조건을 설명하는 보편적 모델을 구성하고자 하였다. 그레마스의 기호학은 담론 또는 의미의 생성과정을 심층구조부터 표층구조 그리고 마지막 담론층을 통하여 설명하며 또한 언어 외적인 현상도 포함하고 있다. 그가 주장하는 심층구조는 자연과학의 물리학적 - 화학적 - 생물학적 세계에 해당되며, 표층구조는 인간이 외부세계를 감지할 수 있는 세계이다. 그는 인간언어와 인류문화의 발달을 심층구조에서 표층구조로 발전하는 것으로 이해하며, 따라서 그의 기호학은 넓은 의미로 이해된다.

그레마스는 텍스트 내에서 의미의 초소단위인 의소(sème) 간의 대립, 모순, 상호관련성을 중심으로 기호의 사각형을 만들었다. 백과 흑을 예로 볼 때, 반대관계는 하나의 의소가 다른 의소를 전제할 때 성립한다(백 - 흑, 비흑 - 비백). 모순관계는 두 사항이 서로 공존할 수 없는 것을 말한다(백 - 비백, 흑 - 비흑). 상보관계는 문제되는 두 항이 동일한 부류 또는 관련성에 속하는 경우이다(비흑 - 백, 비백 - 흑). 이를 도표화하면 다음의 표와 같다.

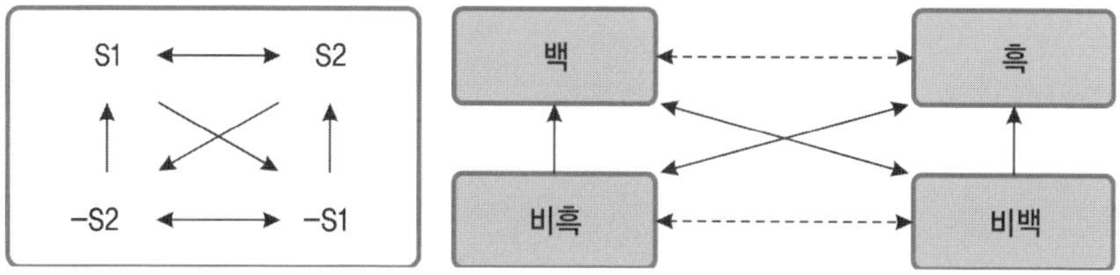

기호사각형은 두 가지 양상으로 드러나는데 하나는 네 개의 의소들의 관계 사이의 체계로서 기능하는 분류적이며 정적인 양상이고 다른 하나는 한 관계에서 다른 관계로의 이행을 드러내는 작용의 망으로서 통사론적이며 동적인 양상이다. 전자는 반대관계(S1 백과 S2 흑, - S1 비백과 - S2 비흑), 모순관계(S1 백과 - S1 비백, S2 흑과 - S2 비흑), 전제관계(- S1 비백과 S2 흑 , - S2 비흑과 S1 백)로 후자는 전이된 가치의 작용의 망으로서 모순관계는 부정적 작용에, 전제관계는 선택적 작용에서 주로 일어난다. 이것은 논리(심층)에서 이야기(표층)로의 이행과정이라 할 수 있다. 이러한 이분적인 부정, 대립관계는 결과적으로 사각형의 상호 상관관계로 발전하면서 의미작용의 기본 구조의 틀을 제공해 주고 있다.

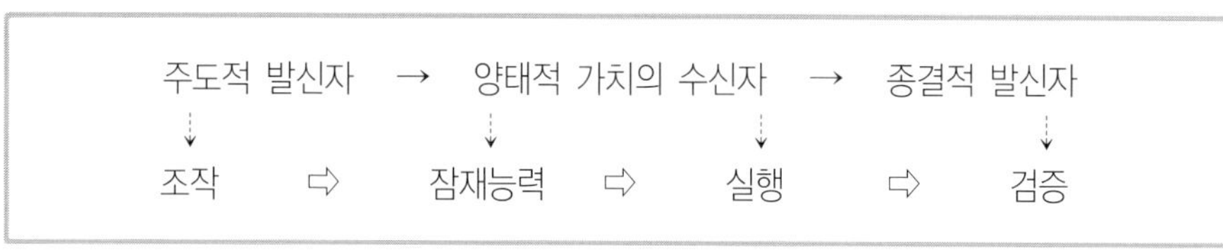

수신자의 잠재능력인 의지·의무는 내적·외적 요인에 의하여 촉발되며, 이러한 가치를 발신하는 자가 발신자가 된다. 발신자가 수여한 가치를 수용한 주체는 이 가치의 수신자가 되며, 이로써 대상의 상태를 이루고자 하는 행위의 주체, 즉 현실 가능적 가치인 지식·능력을 가진 주체가 될 수 있다. 이 주체가 일련의 행위 후에 자신이 원하는 가치를 지닌 대상과 결합되었을 때 대상 2의 상태를 성취한 수신자 주체로서 상태의 주어가 된다. 그리고 발신자에 의해 다시 한 번 검증을 받는다.

② 발신자 → 대상 → 수신자
↑①
③ 보조자 → 주체 → 반대자

행위자 모델은 극이나 이야기에서 내용에 따라 극중 인물은 바뀌어도 극 - 언술은 항상 동일하다는 것에 기초를 두고 있다. 행위소 모형의 도식 속에는 주체가 대상을 추구하는 ① 욕망의 축, 발신자가 수신자에게 대상을 전달하는 ② 전달의 축, 보조자와 반대자가 주체에게 전달하는 ③ 능력의 축이 내재화되어 있다.

분리는 인물화, 시간화, 공간화의 관점에서 일어난다. 이 세 가지 관점은 다시 두 가지 형태로 각각 세분화된다. '나 + 지금 + 여기'의 융합관계에 있던 랑그가 '나 + 지금 + 여기'를 모방하는 가주어적 분리와 '비 - 나 + 비 - 지금 + 비 - 여기'를 나타내는 언술적 분리로 각각 분절되면서 두 분리 사이에서 인물, 시간, 공간의 틈이 생겨난다. 이 틈새의 영역 내에서 하나의 서술적 질서, 즉 '나'와 '너', '여기'와 '그 곳', '지금'과 '그 때' 등의 질서가 구축된다. 분리를 통하여 '대상에 관한 환상'이 설명되며, 재결합을 통하여 '언술과정의 주어에 관한 환상'이 설명된다.

5. 담 론

담론을 일상적 사용할 때 텍스트나 말하여지는 발화를 의미한다. 즉, 언어학에서 담론 분석은 한마디 말 또는 언어학에서는 한 마디 말 또는 한 문장만을 분석하는데, 이러한 방법은 한 마디 말 또는 한 문장이 다른 말 또는 다른 문장과 어떤 방법으로 결합되어 하나의 통일체를 구성하는가를 보여줄 수 없다. 그것은 담론의 영역인 것이다. 그리하여 언어학자들에게 담론이란 한 문장보다 긴 언어의 복합적 단위를 가리킨다. 언어학자들은 응집(cohesion), 전방조응(anaphora), 문장 간의 연결성 같은 문법적 · 음운론적 · 의미론적 기준을 이용하여 담론의 언어적 규칙성을 발견하려는 담론분석을 시도하였다. 담론분석은 쓰이거나 말해진 언어에 들어

있는 단위들의 관계에 관한 연구이다. 이 분석대상에는 하나의 문학작품만이 아니라 대화, 농담, 설교, 면담 등도 포함된다. 서사학에서 담론은 서술(narration) 또는 텍스트의 언어를 가리킨다. 포스트구조주의자들에게 담론은 텍스트뿐만 아니라 언어의 의미작용 일반도 가리킨다. 때로 담론은 텍스트를 실질적으로 대체하여, 포스트구조주의에서 말하는, 문학작품과 비문학작품의 자의적이고 작위적인 구별을 강조하거나 해체하는 데에 도움을 준다.

한편 담론은 사용 중인 언어를 가리키기도 하는데, 이는 포스트구조주의 이론가인 미셸 푸코(Michel Foucault)의 영향에 따른 것이다. 미셸 푸코는 담론을 특정 대상이나 개념에 대한 지식을 생성시킴으로써 현실에 관한 설명을 산출하는 집합체로 간주하였다. 따라서 '법률적 담론', '미학적 담론', '의학적 담론'과 같은 말이 생겨나게 된다. 이러한 집합적 담론이 생겨나기 위해서는 우선적으로 관계가 필요하다. 법률적 담론이 만들어지기 위해서는 법률가라는 집단과 그 집단 내에서의 관계가 무엇보다 요구된다. 재판정에서 자신들만 알아듣는 어려운 용어로 일반인의 기를 죽이는 법조인들을 생각해 보면 될 것이다. 이러한 관계는 권력을 수반한다. 푸코는 모든 권력은 관계에서 나온다고 말한다. 판사가 권력을 가지는 이유는 형을 기다리는 범죄자 혹은 피고인과 형을 확정하는 판사라는 관계에서 온다는 것이다.

푸코의 이론에서 조금 더 나아가면 각기 다르게 담론을 정리하는 후기 구조주의, 포스트모더니즘과 만나게 된다. 그들의 이론을 정리하면 다음과 같다.

(1) 라캉과 크리스테바를 중심으로 이루어지는 심리분석학적인 이론으로서 프로이트의 심리학과 소쉬르의 구조주의 언어학에 근거하여 인간심리와 언어구조의 동일성에서 출발하는 이론이다.

(2) 데리다, 후기의 바르트와 해체주의자만을 중심으로 구성된 학파를 들 수 있는데, 이 학파는 통일성, 정체성을 주장하는 철학에 대한 비판에서 출발하여 차이점을 구성하는 이론을 연구, 적용 가능성을 모색하고 있으며 마찬가지로 언어학적 인식에 바탕을 두고 있다.

(3) 푸코에 의해 주창되는 담론이론인데, 이 이론은 지식과 담론의 계보학적 분석과 공시적 담론실기의 비판을 방법으로 제시한다.

(4) 알튀세르의 이데올로기 이론에 심리학과 언어학을 적용함으로써 발전된 담론이론을 펼친 뻬세의 경우를 들 수 있다.

이들은 서로 상당한 견해차이에도 불구하고 이론 사이의 공통점을 지니고 있는데 그것은 "근원이 목적이다"라는 해석학적 입장에 반대했다는 것이다. 즉, 서로 간의 합의는 이루어지지 못했지만 공통의 적을 가지고 있었던 것이다. 이들은 담론이란 여러 문장들이 연속된 질서를 형성하는 방식, 즉 이질적이면서 동질적인 하나의 전체에 참여하게 되는 방식을 구체적으로 밝혀주는 것이라고 생각했다. 언어란 본래부터 투명한 것이 아니며 단순한 중립적 의사소통수단도 아니라는 점, 그리고 의사소통이란 언어가 갖고 있는 특정한 결과의 하나라고 믿은 것이다. 이들은 때에 따라 저자도 믿지 않았다. 저자도 텍스트의 소산이거나 결과로 설명할 수 있다고 믿으며, "저자는 죽었다"라는 주장을 하기도 하였다. 즉, 텍스트의 해석자는 누가 되어도 상관없다는 것이다. 저자가 텍스트를 해석할 수 있다면 나도 그리 할 수 있다는 주장인 것이다. 조금 성격이 다르지만 바흐친(Mikhail Bakhtin)이 주장한 것처럼 담론은 이데올로기 투쟁과 깊은 연관이 있으며, 언어는 이데올로기 투쟁에 영향을 끼칠 수밖에 없다는 말과도 맥이 닿는다. 내가 텍스트를 해석하기 위해서는 기존의 권력과 이데올로기에 대해 투쟁해야 하기 때문이다. 그 투쟁의 결과로 저자를 죽일 수 있는 것이다. 다문화사회를 이해하고 분석하기 위한 기호학을 공부하기 위해 담론에 대해 공부해야 하는 이유도 여기에 있다. 문화의 장에서 살아남기 위해서는 스스로의 담론을 생산해낼 수 있는 전사가 되어야만 하기 때문이다.

EXERCISE

2장을 마무리하는 **연습문제**

01. 다문화사회를 살아가기 위한 커뮤니케이션에서 필수불가결한 요소에 대해 생각해 보시기 바랍니다.

02. 다문화사회 곳곳에서 나타나는 이항대립쌍을 생각나는 대로 적어보시기 바랍니다.

03. 다문화사회 곳곳에서 나타나는 다문화적 기호를 퍼스의 표상성과 관련하여 자료를 모아보시기 바랍니다. 그리고 자신이 정리한 내용을 그림으로 그려보시기 바랍니다.

CHAPTER

03

기호로 읽는 다문화사회 Ⅰ

; 다문화의 기호학에 대한 이해

CONTENTS

CHAPTER 03

기호로 읽는 다문화사회 Ⅰ
; 다문화의 기호학에 대한 이해

1. 소쉬르의 의미작용(semiosis)

1) 기표와 기의로서 의미작용

사람 하면 신체적 특징으로서 머리, 몸통, 손과 발이 있고 말하고 걸어다니는 동작 등의 이미지가 떠오른다. 여기서 사람하면 떠오르는 것을 '사람'으로 표기한 것을 기표라고 하고, 기의는 누군가가 '사람'이라 하였을 때 '얼굴, 몸, 팔, 다리 가 있는 존재' 등이 연상되어 머릿속에 떠오르는 것이다. 즉, 소쉬르가 말하는 기의는 '머릿속에 이미지로 떠오르는 청각적 이미지'가 기의이다. 그런데 '사람'과 '사랑'을 동시에 말하였을 때는 떠오르는 이미지가 또 다르다. '사람'이라는 기호와 '사랑'이라는 기호가 다르기 때문이다. 이처럼 떠오르는 이미지가 다른 것을 소쉬르는 차이라 하였고, 떠오르는 이미지가 다른 차이에서 의미가 발생한다고 보았다. 사람 중에서도 한국사람과 외국사람이라고 표기되는 기표와 각각의 단어를 떠올릴 때 머릿속을 채우는 이미지인 기의에는 차이가 있다. 그것은 한국(기표)의 떠오르는 이미지(기의)와 외국(기표) 하면 떠오르는 이미지(기의)에 차이가 있기 때문이다.

다음에서 '흑인노예', '다문화가정 자녀', '이주노동자' 하면 머릿속에 떠오르는 이미지가 무엇인지 생각해 보자. 이때 머릿속에 떠오르는 그 어떤 이미지나 심상이 흑인노예, 다문화가정 자녀, 이주노동자를 대신하여 나타나는 이미지인 기의들이다. 흑인노예, 다문화가정 자녀, 이주노동자를 대신하여 떠오르는 기의들을 정리해 보면 다음과 같다.

기 표	다문화가정 자녀	이주노동자
기의 (머릿속에 떠오르는 것)		

2) 문장에서의 의미작용

소쉬르는 기호학자이자 언어학자였다. 그는 모든 문장은 문법체계가 있다고 보았고, 의미작용도 기호의 체계 속에서 만들어진다고 보았다. 그는 주어+동사+목적어 순의 문장구조를 통합체로, 주어군, 동사군, 목적어군을 계열체로 분류하였다. 문장에서의 의미는 통합체(문장 5형식 등)와 계열체(주어군, 동사군, 목적어군 등)의 결합과정에서 만들어진다는 것이다. 예를 들면, '이주노동자가 월급을 받았다'는 통합체이고, '이주노동자가', '월급을', '받았다'의 각각은 계열체이다. 또 다른 문장 '한 학생이 베트남 쌀국수를 먹었다'는 통합체이고 '한 학생이', '베트남 쌀국수를', '먹었다'의 각각도 계열체이다. 여기서 '이주노동자가' - '한 학생이', '월급을' - '베트남 쌀국수를', '받았다' - '먹었다'의 각각도 계열체이다. 다음의 표는 문장의 의미작용으로서 통합체와 계열체의 결합이 어떻게 이루어졌는지 보여준다.

<table>
<tr><th></th><th>주어군 계열체</th><th>목적어 계열체</th><th>동사 계열체</th><th>(기의)</th></tr>
<tr><td rowspan="2">한 문장으로서
통합체(기표)</td><td>이주노동자가</td><td>월급을</td><td>받았다</td><td rowspan="2">알아듣는 말로서
떠오르는 이미지</td></tr>
<tr><td>한 학생이</td><td>베트남 쌀국수를</td><td>먹었다</td></tr>
</table>

2. 그레마스와 기호분석

1) 텍스트의 의미구조로서 기호사각형(semiotic square)

다음의 기사는 인종차별을 하여 징계를 받은 프로 축구선수(존)의 아버지(테드)가 인종차별 문제로 경찰에 잡혀 재판을 받게 된 뉴스기사이다.

존 테리 '인종차별'은 부전자전이었네

인종차별도 집안내력인가
잉글랜드 축구대표팀 전 주장인 존 테리(32 · 첼시)의 아버지 테드 테리(59)가 인종차별 혐의로 처벌위기에 몰렸다. 아들 존 테리가 지난 2011년 10월 리그 경기 도중 퀸스파크 레인저스(QPR)의 안톤 퍼디낸드에게 인종차별 발언을 해 대표팀 주장 박탈과 4경기 출장 정지를 받은 데 이어 아버지까지 인종차별로 감옥에 갈 상황에 처했다.
영국 일간지 <가디언>, <데일리메일> 등은 24일 테리 아버지의 인종차별 혐의 재판소식을 전하며 "테리 아버지가 인종차별 욕설을 하며 아시아인을 때렸다"는 증인의 발언을 전했다.
사건은 지난 3월에 벌어졌다. 테드는 런던 펜처치 거리에서 아시아인인 아마르지트 탈라페어를 폭행하고 인종차별 발언을 한 혐의로 경찰에 체포된 뒤 이날 재판을 받았다.
상황을 목격한 이자즈 말릭은 이날 법정에서 "탈라페어가 주점(펍) 뒤에서 담배를 피고 있을 때 테리 일행이 다가가면서 언쟁이 벌어졌고, 테드 테리 등이 입에 담기 어려운 심한 인종차별 욕설을 했으며 테리가 머리로 탈라페어를 들이받았다"고 증언했다.
이에 대해 테드 테리는 폭력이 있었던 사실은 인정했지만 인종차별 발언에 대해서는 전면 부인했다. 법원의 최종선고는 11월에 열리는데 검찰 측은 충분히 유죄가 인정돼 감옥에 갈 것이라고 전망했다. - 양승남 기자(ysn93@kyunghyang.com)

출처 : 스포츠경향(2013.7.24).
http://sports.khan.co.kr/news/sk_index.html?cat=view&art_id=201307242248066&sec_id=520401&pt=nv.read.

위 뉴스기사를 그레마스의 텍스트 의미구조로서 기호사각형을 통해 분석해 보았다. 이 뉴스기사에는 두 개의 스토리로서 아들 존과 아버지 테드의 인종차별 내용을 다룬다. 첫째 아들의 경우를 보면, 존(아들)이 인종차별적 폭언을 안톤(외국인 축구선수)에게 하였고, 그 결과로 존(아들)은 축구대표팀 주장박탈과 4경기 출장정지를 받은 내용이 다음의 표에 정리되어 있다.

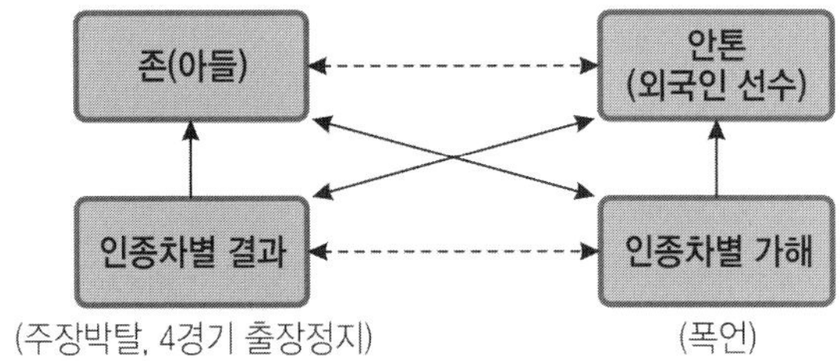

둘째, 테드(아버지)가 인종차별적 폭행과 폭언을 탈라페어에게 하였고 그 결과로 테드(아버지)는 체포된 뒤 재판을 받게 된 내용이 정리되어 있다.

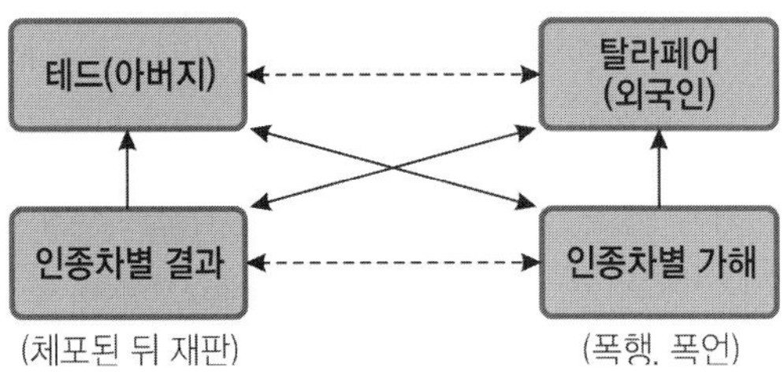

2) 그레마스의 의미생성행로(semantic generative trajectory)

그레마스는 의미생성행로를 표층 측면, 심층 측면으로 구분하였다. 표층 측면은 스토리의 표면적으로 드러나는 현상구조이다. 그러나 심층 측면은 원인에 해당되는 부분으로서 심리적 구조이다. 여기에 전체 핵심주제라 할 수 있는 담론 측면을 첨부하여 존 테리에 관한 뉴스기사를 그레마스의 의미생성행로(담론 측면, 표층 측면, 심층 측면)에 따라 전체 내용을 분석해 보았다. 이 뉴스기사의 원인으로서 심층 측면은 백인의 유색인종에 대한 우월감이고, 표층구조는 영국인이 유색인종을 폭행, 폭언한 사실이며, 뉴스기사 의미의 핵심에 해당하는 담론 측면은 인종차별이 주제이다. 이를 도표화하면 다음과 같다.

의미생성행로	분석내용
담론 측면	인종차별
표층 측면	영국인이 유색인종을 폭행, 폭언
심층 측면	백인의 유색인종에 대한 우월감

3. 퍼스와 다문화의 기호 분석

1) 도상분석

도상(icon)은 정물화, 인물화 혹은 사진처럼 표현하고자 하는 대상을 실제와 비슷하게 묘사된 것을 말한다. 도상학은 17세기에 성서 이야기나 고전신화의 미술작품의 분석에서 출발하였다. 그러던 것이 19세기에 이르러 다양한 미술작품의 해석으로 도상학이 발전되었다. 이 도상학을 기호학적으로 승화시킨 학자는 퍼스이다. 도상분석은 도상 전 단계, 도상단계, 도상해석 단계로 나누어진다.

아래 사진은 아이들의 모습을 그대로 사진으로 옮겨놓은 도상이다. 이 사진도상을 분석해 보도록 하자. 첫째는, 도상 전단계의 분석이다. 열 명의 아이들이 웃고 있다. 여자 아이 네 명, 남자 아이 여섯 명이다. 아이들은 다양한 민족의 출신으로 보인다. 왼쪽 상단에 자세히는 알 수 없으나 책꽂이 같이 생긴 어떤 가구가 있다. 둘째, 도상단계이다. 사진은 열 명의 아이들이 교실에서 환하게 웃고 있는 모습이다. 이 사진은 한국다문화학교에서 후원자들에게 감사하는 엽서를 만들기 위하여 찍은 사진이다. 아이들은 건강하고 밝게 지내고 있으며, 후원자에게는 감사하다는 의미를 내포하고 있다. 셋째, 도상 해석단계이다. 이 사진은 감사의 마음을 담기 위하여 촬영한 사진이다. 사진 어디에도 감사의 묘사는 없다. 그러나 사진을 보는 이들로 하여금 기쁜 좋게 만드는 밝고 환한 표정들이다. 아이들이 건강하고 씩씩하고 밝게 자라는 모습 자체가 감사하다는 의미로 해석될 수 있다. 또한 아이들의 미소는 여러 후원자들의 도움이 있어 지속될 수 있으며, 앞으로도 지속적인 후원을 바란다는 의미도 담고 있다. 일종의 협박의 의미로도 해석될 수 있는 것이다.

안산에 위치한 한국다문화학교 아이들이다. 수업 중에 무엇이 그리 좋은지 해맑게 웃고 있다. 하지만 이 아이들의 웃음이 후원자들에게는 일종의 압박이 될 수 있다.
출처 : 한국다문화학교 홍보자료.

다음의 그림은 한 여성이 자신의 모습이라고 그린 자화상이다. 도상 전단계로 전체 그림을 관찰해 보면, 이 여인은 몸 전체를 그렸고 정중앙에 인물이 위치한다. 긴 생 머리카락에 리본을 하나 달고 있다. 왼쪽 손으로는 여행용 가방을 끌고 있는 모습이고, 오른 손목엔 핸드백을 들었다. 예쁜 인형 같은 얼굴과 긴 다리와 늘씬한 몸매이다. 뾰족구두를 신었으며 빨간 원피스를 입고 있다. 그림을 있는 그대로 분석하는 것을 전 도상단계라 한다. 도상단계는 그림의 사실적 관계를 나타낸다. 이 그림의 주인공은 결혼이주여성이다. 한국으로 이주한 후 다문화강사로, 다문화공연가로 바쁘게 살아가는 자신의 모습을 그린 그림이다. 그녀는 자신의 트렁크에 화장품과 공연복이 담겨져 있다고 말해주었다. 도상해석의 측면에서 볼 때, 이 이주여성은 자기 자신에 대하여 자신감이 넘친다. 화면 정중앙에 자신의 전체 모습을 담았고, 자화상 자체의 체형이 균형을 이루고 있다. 그녀가 그린 옷색깔도 붉은색으로서 열정적이다. 얼굴에도 자신감이 넘친다. 하지만 그녀의 말과 그림에서는 몇 가지 어긋나는 점들이 있다. 그녀는 문화공연을 다니는 바쁜 자신의 모습을 그렸다고 필자에게 말해주었다. 하지만 그림 속의 여성은 공연을 간다고 하기에는 무엇인가가 어색하다. 마치 고급 크루즈여행을 떠나는 귀부인의 모습에 더욱 가까워 보이기 때문이다. 그림에 관해 이야기를 나누던 중 그 이유를 짐작할 수 있는 단서를 찾을 수 있었다. 그녀가 자신도 모르게 내뱉은 한마디 때문이었다. "요즘 같으면 진짜 어디로 훌쩍 떠나고 싶어요" 이 그림은 그녀가 바쁜 일상에서 쉼을 얻고자 여행이라도 떠나고픈 자신의 내면의 욕망을 표현한 것으로 해석될 수 있는 것이다.

▌이주여성이 그린 자신의 자화상이다. 그녀의 떠나고 싶은 심리, 공주 같은 옷과 가방을 통해 읽을 수 있는 초라한 현실 속의 자신에 대한 자책을 읽을 수 있다.
출처 : 국경없는 마을.

2) 지표분석

지표(index)는 기호와 기호대상이 서로 인과관계가 있는 것을 말한다. 다음의 표는 중국과 인도의 인구 증가표이다. 여기서 기호는 수치와 그래프이고, 기호대상은 인구증가 정도이다. 표에 제시된 도표는 제멋대로 표기한 것이 아니라 인도와 중국의 과거와 현재 인구증가를 기준으로 미래의 인구증가를 예측하여 도표화한 것이다. 인구수의 표시와 증가 그래프는 인구의 증가를 나타내는 비례지표이다. 인수 수가 줄어들 것으로 예상되면 그래프의 모양과 수치는 내려가고, 반대면 올라갈 것이다. 이것을 지표라고 한다.

중국 · 인도 및 세계 인구증가 추이

(예상, 단위 : 백만 명)

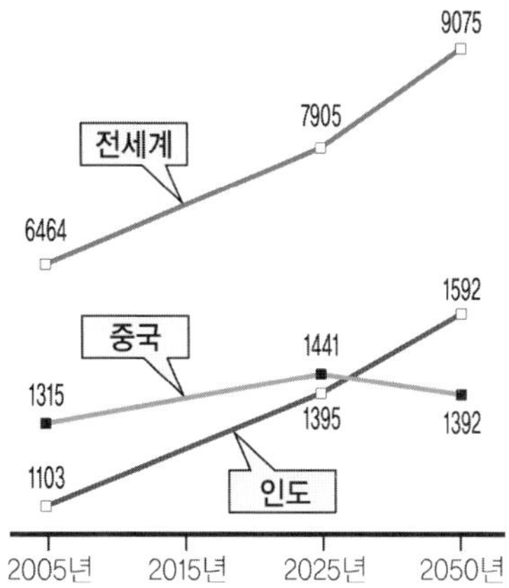

	2005	2020	2050
세계인구	65억	77억	92억
중국	13	14	14
인도	11	14	17
미국	3	3.4	4
유럽	7.3	7.2	6.6

65억(2005) – 90억(2050) – 60억(2100) – 36억(2150)

– UN 인구전망(2006).

출처 : http://cafe.naver.com/hufsgsiaschina/34, 2013.7.25. read.

기호화된 지표분석은 다음과 같다. 다음의 자료는 인도가 2028년이면 중국을 제치고 세계 최대의 인구가 될 것이라는 UN보고의 결과이다. 유엔은 최근 세계 233개 국가들의 인구에 대한 보고서를 발표했다(2013.6.18.). 보고서에 따르면, 인구 증가율이 전에 추정했던 것보다 더 빠르게 증가해 현재의 72억 명의 세계인구는 2050년이 되면 96억 명으로 늘어날 것으로 전망했다. 중국과 인도의 인구는 14억 5천만 명으로 늘어나면서 2028년이 되면 인도의 인구 증가율은 21세기 중반까지 지속적으로 높아지면서 인도가 중국을 제치고 세계 최대 인구대국이 될 것이라고 유엔이 밝혔다.

3) **상징분석**

상징(symbol)은 기호와 대상 사이의 유사성(도상)이나 기호와 대상 사이의 어떤 인과관계(지표)인 것 이외의 것들을 의미한다. 이러한 상징기호에는 글자, 로고, 심벌, 상표, 표지판 등이 있다.

▌국경없는 마을의 법인 현판.
출처 : 국경없는 마을.

위 사진은 국경없는 마을의 로고이다. 위에서 보듯이 로고의 그림이 그 단체의 실제 모습이 아니며 국경없는 마을이라는 글자도 이 기관의 실체는 아니다. 로고는 국경없는 마을이라는 단체를 나타내는 상징의 약속으로 이 기관에서 표방한 것이다. 다른 사람들도 이 로고를 보고 이 단체를 국경없는 마을이라는 단체로 이해한다.

▌서울 종로구 보신각 앞에서 열린 이주노동자들의 집회에서 이주노동자들이 자신들이 노예가 아님을 알리기 위해 만든 피켓이다.
출처 : 중앙일보.

위의 사진은 이주노동자들이 자신들의 상황을 글자로 표시한 것이다. '이주노동자는 노예가 아니다'에서 '이주노동자'라는 글자 자체가 이주노동자 실체는 아니다, 상징이다. '노예가 아니다'라는 문구도 그 자체가 이주노동자가 고통받는 노예적 상황의 실제 상황은 아니다. 곧 도상도 아니며 지표도 아니다. 이 문구는 약속된 한글표기방식으로 표기한 것이다.

4) 퍼스 기호학의 복합형 분석

아래 그림은 도상과 지표와 상징이 결합되어 있는 기호이다. 이를 분석해 보면, '여성 세 사람', '전화그림', '베트남 처녀와 결혼하실 분', '100% 후불제'라는 문구가 있다. '전화기 옆에는 붉은 색칠'이 있다. 여기서 '여성 세 사람', '전화 그림'은 도상에 해당된다. '베트남 처녀와 결혼하실 분', '100% 후불제'라는 글자와 '늘씬한 여성의 몸매'도 상징이다. 비율을 나타내는 '%' 기호 역시 상징기호이다. 만일 이 광고지를 보고 결혼할 뜻을 가진 사람이 전화를 하여 국제결혼을 시도하였는데 실제 돈을 받지 않았다면 결과적으로 '100% 후불제'라는 문구는 지표로 작동되는 것이다.

▌농촌과 도시 외관지역에서 흔히 볼 수 있는 국제결혼을 종용하는 광고물이다.
출처 : 국경없는 마을.

이 광고지의 의미는 국제결혼 희망자를 구하는 것이다. 그러나 이 광고는 국제결혼을 인신매매적 성격으로 호도할 가능성이 높다. 실제 한국사회에서는 국제결혼중개업체의 잘못된 국제결혼 중개관행으로 인신매매적 인권침해현상이 뉴스에 자주 보도되기도 한다. 국제결혼 희망자를 구하는 광고전단은 이제 한국사회에서 국제결혼 이민자의 인권침해의 가능성을 설명하는 또 하나의 상징으로 전환되고 있다. 또한 위 광고는 이들의 가정에서의 지위가 어느 정도인지 너무나 절실하게 말해주고 있다. 돈을 주고 데려왔으며, 심지어 반품까지 되는 이들이니 구매자 마음대로 할 수 있다는 메시지를 전해주고 있는 것이다.

	범주내용	의 미
도상(icon)	여성 세 사람, 전화그림	국제결혼 희망자 모집
지표(index)	100% 후불제, (추후) 전화를 하여 국제결혼 시도하였는데 실제 돈을 받지 않았을 경우	
상징(symbol)	베트남 처녀와 결혼하실 분, 100% 후불제, %, 늘씬한 여성의 몸매	
비평	국제결혼 이민자의 인권침해의 가능성 상징물로 이용될 수 있음	

아래 그림은 다문화 포스터이다. 포스터를 분석하면, '여섯 명의 사람'이 있고, 하트표시가 있고, '피부색은 달라도 모두가 친구'라는 문구가 있다. 배경색은 흰색이고, 하트는 붉은 계열의 색이다. 포스터에는 여섯 명의 사람을 다양한 피부색의 얼굴로 묘사하였다. 여섯 명의 사람의 크기가 다르지만 크기가 크다고 해서 꼭 이 사람들을 어른으로 해석하기엔 제한이 있다. 여섯 명의 사람을 다문화가족으로 둘 경우 '피부색은 달라도 모두가 친구'라는 문구가 어울리지 않는다. 그러나 큰 세 사람을 다문화가족, 작은 세 사람을 어린이로 구분할 경우 '피부색은 달라도 모두가 친구'라는 상징문구에서 작은 세 사람을 친구로 묘사했을 수 있다.

▌위 포스터는 다문화 포스터 그리기대회에서 대상을 받은 포스터이다.

포스터가 갖는 상징의미는 세 가지 층위로 구분된다. 다양한 피부색의 여섯 명의 사람, 사랑을 상징하는 사랑, '피부색은 달라도 모두가 친구'라는 상징기호 문구이다. 이 포스터의 전체적 의미는 포스터의 '피부색은 달라도 모두가 친구' 상징문구와 '피부색이 다른 여섯 사람 배경의 하트'로 보아 '피부색은 달라도 모두가 친구이니 사랑하며 살자'는 의미를 포스터에 상징적으로 표현하였다고 볼 수 있다.

	범주내용	의 미
도상(icon)	여섯 명의 사람	피부색은 달라도 모두가 친구이니 사랑하며 살자
지표(index)	눈썹(행복), 피부색	
상징(symbol)	피부색은 달라도 모두가 친구, 하트, 여섯 명의 사람	
비평	외국인은 피부가 검다는 이미지는 동남아국가 출신 등에 대한 편견과 선입관을 나타낼 수 있고, 피부가 같으면 당연히 친구라는 도식도 성립되지 않을 수 있음	

4. 기호학적 이데올로기 분석

선생님이 학생들에게 질문을 하였다. '다문화' 하면 가장 먼저 머릿속에 떠오는 것은 무엇이냐고 말이다. 학생들은 '국제결혼 가족'이라고 가장 많이 답하였다. 여기서 '다문화'라고 질문하는 말이 곧 '기표'이다. 그리고 학생들이 질문을 받았을 때 '머릿속에 떠오르는 이미지'가 기의이다. 그러나 '다문화'의 사전적 의미는 '여러 나라의 생활양식' 또는 '복수의 문화'를 말한다. 사전적 의미가 1차적 의미이다. 그런데 한국국민의 대다수 사람이 "다문화" 할 때 '국제결혼'을 떠올렸다면, '국제결혼'이라고 생각나도록 하는 어떤 외부적 요인이 다문화의 개념 속에 이데올로기로 작동되어 나타난 것으로서 바르트는 이것을 '2차적 의미'라 하였다. 이데올로기적 의미소는 언론, 국가적 장치(학교, 정부 프로젝트 등), 지식의 권력 등에 의하여 다양하게 작동되어 나타날 수 있다. 2차적 기호로서 '국제결혼'을 떠올리게 하는 "다문화"를 푸코는 담론이라 하였다. 그러나 이 담론은 2차 의미 외부개입 요인에 의하여 얼마든지 달라질 수 있다. 그러나 외부개입의 형태는 국가적 · 강제적일 수도 있고, 사회적 상황에 따라 다양한 사회의 기구나 개인들이 그렇게 할 수 밖에 없는 또 다른 요인들(예를 들어, 프로젝트 수행이나 기관위탁, 민족감정 등)에 의하여 스스로 자연스러운 현상에 맞추어 나갈 수도 있다. 이렇게 2차 의미를 중심으로 놓고 볼 때, 기호로서 언어는 정보전달만이 아니라 사회적 문제와 갈등을 담아내는 사회적 맥락이 작동되고 있음을 알 수 있다. 이를 정리해 보면 다음과 같다.

기 호	1차적 의미
기 의	하나 이상의 문화
기 표	다문화

2차적 의미
'국제결혼'
"다문화"

2차 의미 외부개입 요인
다문화가족지원법
저 출산지원 대책

아래 사진의 도상 전 단계는 다음과 같다. 한 골목길에 사람들이 서있다. 골목 좌우엔 건물이 있고, 건물 앞엔 파라솔이 있다. 골목에는 남자 다섯 명이 서있고, 어깨가방을 멘 두 여성과 또 한 남자가 등지고 걷는 모습이다. 한 여성의 손에는 검은 비닐봉지들이 들려있다. 골목 저 멀리로는 많은 사람들이 왕래하는 모습이

보인다. 도상분석이다. 이 사진은 안산의 '국경없는 마을' 다문화거리에 이주노동자들이 모여 있는 풍경이다.

이주노동자들이 모여 있는 사진이다. 대부분의 한국인들은 이들이 모여 한국인을 위협하거나 희롱하고, 범죄를 모의하고 있다고 생각할 것이다.
출처 : 국경없는 마을.

이 사진에 대하여 해석을 해보자. 이 사진을 보고 "사진에 등장하는 남자들이 무엇을 하고 있는 장면인가?" 하고 물었다. 열 명 중 아홉 명의 사람들은 '싸움이나 시비가 일어나고 있는 장면이다'라고 답변하였다. 답변도 해석작업 중 하나이다. 실제 장면은 인도네시아 이주노동자들이 오랜만에 길에서 만나서 이야기하고 있는 장면이다. 그런데 왜 90%의 사람들이 '싸움이나 시비의 장면'으로 이해하였을까? 그 이유는 사진에서 보듯이 언론이 이주노동자를 범죄예비집단으로 지나치게 과장보도한 탓에 사람들의 머릿속에 '외국인 범죄'가 먼저 연상되도록 사회적 이미지가 형성된 것이다. 이러한 결과는 언론과 사회가 만들어낸 '이주노동자 범죄 이데올로기'의 영향이 사람들의 생각 속에 효과로 나타난 것이다.

범 주	내 용
1차적 의미(도상)	친구들의 담소
2차적 의미(사회인식)	외국인의 싸움이나 시비의 장면
2차 의미 외부개입요인	언론 등 외국인 범죄 담론, 외국인 범죄 담론의 유포이유는 외국인은 관리통제의 대상이 되어야 한다는 담론의 질서 확립

아래 사진은 도상과 상징이 결합되어 의미를 창출하고 있는 기호이다. 이 사진 전체는 도상이다. 사진은 사람들이 무언가를 항의하는 장면이다. 항의하는 사람은 외국인과 한국인이 섞여 있다. '이주노동자는 범죄자가 아니다'는 기호를 통하여 자신들의 메시지를 전달하고 있다. 항의하고 있는 이주노동자의 머리에는 머리띠가 둘러져있다. 그러나 사진 속에 '이주노동자는 범죄자가 아니다'는 문구와 항의하는 이주노동자 앞에 검은 칸막이는 감옥, 그리고 이주노동자의 머리띠는 상징이다. 이들이 감옥 상징기호를 통하여 자신들의 상황이 비인권적이라는 것과 머리띠를 통하여 자신들의 비판의지가 강하다는 것을 보여주고 있다. 아래 사진의 의미는 이주노동자를 범죄자 취급하지 말아달라는 내용이다. 외국인 범죄와 아무런 상관도 없는 모든 이주노동자들이 예비 범죄자로 취급받는 사회현실에 대한 비판이다.

▌서울 종로구 보신각 앞에서 열린 이주노동자들의 집회에서 이주노동자들이 자신들은 범죄자가 아님을 알리기 위한 퍼포먼스를 벌이고 있다.
출처 : 중앙일보.

여기서 '범죄자 취급'은 크게 두 가지 형태로 구분될 수 있다. 하나는 비자가 만료된 상태에서 한국에서 계속해서 일하고 있는 미등록이주노동자(소위 불법체류자)의 신분이다. 이들의 정의는 비록 비자 없이 불법체류는 하였지만 기업주와 이주노동자 간의 근로계약은 불법이 아니라는 것이다. 이들이 단속되어 추방되는 것은 비자가 없어서 추방되는 것이지 공장에서 일하였기 때문이 아니라는 것이다.

근로계약은 기업주와 이주노동자 간의 사적 영역의 고용계약으로서 범죄가 아니라는 것이다. 두 번째는 언론이 지나치게 이주노동자를 마치 범죄집단으로 지나치게 과장보도를 한다는 의미가 있다. 실제 이주노동자 범죄를 다루는 언론보도를 보면, 이주민의 범죄율보다 한국인들의 범죄율이 훨씬 많다. 그러나 언론들은 이를 확대·과장하여 이주노동자를 범죄를 저지를 가능성이 있는 사람으로 이해되도록 규정화시켜나가는 경우가 있다. 이같이 다문화의 기호학에서 중요하게 취급하는 영역이 바로 다문화사회에서의 이데올로기와 담론의 질서이다.

결론적으로 말하자면, 다문화의 기호학은 다문화사회에서의 의미전달과 커뮤니케이션에 따른 인간의 사회적 행위 전반에 대한 인식의 방법론이다. 다문화의 기호학은 기호학에서 다루는 텍스트와 미디어, 담론의 영역을 동일하게 다루어나간다. 다문화의 기호학이 일반 기호학과의 차이가 있다면 사회적 맥락으로서 '다문화 사회'에 강조점을 두고 좀 더 집중적으로 다문화사회에 강조점을 둔다는 점이다. 다문화의 기호학은 비판과 대안을 동시에 모색한다. 구조주의·기호학에 대한 비판적 입장을 취하면서 기존 다수자 사회가 형성한 다문화 담론을 해체하고 권력과 이데올로기의 문제를 다루어나간다. 나아가 다문화의 기호학은 구체적으로 다문화 사회에서 다양한 문화권의 사람들이 문화적 차이와 갈등을 극복하고 공동체적으로 더불어 살아가는 사회형성을 위한 '변화'로서 실천(praxis)의 요소도 포함한다. 이질적인 문화적 요소들이 만나 새로운 문화, 제3의 문화를 형성해나가는 '공동체문화 창조'의 영역에서도 다문화사회를 디자인해나가는 사명이 있다.

01. 아래의 사진을 도상 분석해 보세요.
(아래의 사진에 관련된 신문 기사는 2014년 2월 10일 전후 "포천 아프리카 예술박물관"을 검색하면 수십 종의 기사를 발견할 수 있다)

출처 : 한겨레신문(2014.2.10).

EXERCISE

02. 〈콩쥐 팥쥐〉 전래동화를 그레마스의 기호사각형 모델을 가지고 분석해 보시기 바랍니다.

CHAPTER

04

기호로 읽는 다문화사회 Ⅱ

; 다문화사회에 대한 기호학적 이해

CONTENTS

CHAPTER 04

기호로 읽는 다문화사회 Ⅱ
; 다문화사회에 대한 기호학적 이해

1. 다문화 공익광고 분석

이번 장에서는 다문화관련 공익광고를 중심으로 다문화사회를 분석해 보고자 한다. 밑의 사진은 최근 TV에 자주 등장하는 공익광고이다. 다음 광고는 동남아시아 출신의 어머니를 둔 아이가 한국아이와 다름없이 살아가는 모습을 보여주며, 차별을 없애고 포용과 사랑으로 그들을 감싸자는 메시지를 우리에게 전해주고자 하고 있다. 광고의 카피는 다음과 같다.

김치 없으면 밥을 못 먹고,
독도 그림을 그리고,
축구를 보며 대한민국을 외치고,
군대에 갑니다.

당신처럼
다문화가정을 지원하는 일
내일의 행복을 위한 일입니다.

▌위 광고는 동남아시아 출신의 어머니를 둔 아이가 한국아이와 다름없이 살아가는 모습을 보여주는 다문화 공익광고이다.
출처 : 하나금융그룹 다문화 캠페인.

미디어 철학자 맥루한(Mcluhan)은 '미디어는 메시지이다'라는 말로 광고 같은 미디어 영상물이 현대사회에 끼치는 중요성을 역설하였다. 위 광고는 피부색이 다른 이주민들도 우리와 함께 살아가야 하는 이웃이라는 메시지를 직접적으로 전달해 주고 있다. 그들은 우리와 같은 음식을 먹고, 한국인과 웃고 즐기며, 우리처럼 생각하고 말하는 것은 물론이요, 대한민국 국민으로서의 의무 또한 충실히 이행하고 있다는 메시지를 전해주고 있는 것이다.

하지만 기호학을 통해 이 광고를 분석해 보면, 이 광고의 메시지는 이처럼 간단하지 않다. 광고는 대한민국이 단일민족국가라고 전제하고 있다. 따라서 이주민들도 자녀를 토종 한국인으로 키워내야 한다고 요구하고 있다. 당연히 이주민들이 따라야 하는 문화의 기준은 한국문화이고, 그들은 한국인의 삶살이의 원형을 그대로 따라야 한다고 무언의 압력을 가하고 있다. 주인공이 어머니 나라의 음식을 함께 나누며 베트남어로 맛있다고 말하지 않는 것이 그 예이다.

또한 광고에서는 베트남 출신 아이도 한국의 위인을 존경해야 한다는 무언의 압력을 읽을 수 있다. 베트남 출신 어머니를 둔 아이가 세종대왕이 아닌 호치민이

자랑스럽다고 이야기하지 못할 이유는 없지 않은가! (호치민이 위인인가 아닌가의 문제는 잠시 접어두자) 또한 아이가 세종대왕을 위인이라고 고백하는 언어도 한국어이다. 이러한 전제들이 충족될 때, 아이는 우리의 이웃이 된다. 한국의 아이가 된다. 그렇게 되어야만 우리는 그들을 이웃으로 받아들이고 후원할 것이라는 메시지가 광고전면에 깔려있다. 결혼이주민과 그 아이들에게 철저한 동화를 강요하는 분위기가 광고 내내 무겁게 흐르고 있는 것이다.

이처럼 기호학은 하나의 텍스트가 가진 여러 가지 의미를 분석할 수 있도록 해준다. 텍스로서의 광고에는 여러 의미들이 숨어있다. 그 의미들은 같은 차원에 자리할 수도 그렇지 않을 수도 있다. 기호학은 어떤 위치에서 어떤 의미들이 만들어지는지 분석한다. 텍스트를 통과하는 법칙을 구분하고 그 법칙 사이의 구조적 관계를 설정하여 텍스트를 보는 총체적 관점을 만들어내는 것이다. 우리는 이러한 복합적인 해석을 통해 텍스트를 총체적으로 읽을 수 있는 것이다. 기호학을 통해 이 광고가 표면적으로 흘려보내는 의미와 감춰진 의미(의도했건 아니건 간에 관계없이)를 전방위적으로 파악할 수 있는 것이다. 그레마스(Greimas)의 용어로 표현하면, '표층'과 '심층'의 층위에서 만들어지는 의미들을 분석할 수 있다고 표현할 수 있다. 표층의 의미를 분석한 후, 심층의 의미를 분석해야 '진정한 의미'를 파악할 수 있다는 것이다. 그레마스는 그 의미를 파악해야만 그 텍스트를 진정 이해했다고 인정했다. 텍스트의 심층에서부터 표층의 행위나 담화(이 광고에서는 영상)에까지 이어지는 '의미의 전달의 길'을 제대로 볼 수 있는 심미안을 갖추어야만 진정한 텍스트 리더(reader)가 될 수 있다는 것이다.

여기서 또 한 가지 중요한 문제를 지적해야 한다. 그레마스는 의미행로의 과정을 구조적으로 파악할 수 있다고 보았다. 어떤 텍스트이건 정해진 틀에 맞추어 분석을 하다보면 그 진정한 의미가 단전 깊은 곳에서부터 울려 퍼질 수 있다고 본 것이다. 하지만 각 층위 간의 의미가 어떻게 연결되는지에 대해서는 다른 해석도 가능하다. 기호학은 자체가 '결론이 실종된 끝이 갈라진 추론'이기 때문이다. 심층에서의 의미가 표층의 차원에서 모든 독자나 청자들에게 같은 의미로 해석될 수도 없다. 위 광고의 심층적 의미가 무엇이든 간에, 누군가에게는 광고의 주제가 이주민 추방이라고 해석될 수도 있고, 누군가에게는 국가의 이데올로기나 정책의 프로파간다로 해석될 수 있는 것이다. 즉, 모든 텍스트는 '열린' 텍스트인 것이다. 문화기호학자인 바흐친(Bakhtin)은 대화주의라는 이론을 통해 모든 텍스트들은 그 안에서 기호들 간의 상호작용과 대화를 이어가기에, 모든 텍스트는 동일하게 해석될 수 없다고 주장한다. 톨스토이(Tolstoy)의 말처럼 의미를 찾는 길은 수만 가지도 넘을 수 있다는 말이다. 소쉬르는 이를 자의성이라고 표현하다. 보이는 영상(기표)에 사람들이 만들어내는 의미(기의)가 합쳐져 기호가 만들어진다는 것인데, 영상과 의미가 연결되는 과정과 결과가 개인별로 상이하다는 것이다. 가령 꽃벌의 '붕붕' 소리, 돼지의 '꿀꿀' 소리 같은 의성어를 제외한 기표와 기의 간의 연결은 모두 자의적으로 이루어진다는 것이다. 이러한 자의성은 기호생산에 무한한 융통성을 준다. 이러한 자의성이 있기 때문에 누구나 서로 다른 무수한 기호들을 생산할 수 있다는 것이다.

자의성에서 중요하게 짚고 넘어가야 할 점은 기표와 기의 간의 자의성은 논리를 거부하고 학습을 요구한다는 점이다. 일단 배우고 나서 따져 들어가야 한다는 말이다. 기호학에서는 어원학적 접근방식을 취하는 것이 아니라, 기호제작 관습의 바탕을 이루는 코드화(codification)에 중점을 둔다. 코드화에는 여러 가지 이데올로기, 문화, 관습, 개인의 성향과 상황 등의 요소들이 개입된다. 그렇기 때문에 우리는 다문화적 코드를 읽고, 텍스트를 분석하기 위해서는 기호학을 공부해야 하는 것이다. 다문화사회 속에서 살아가는 우리의 삶 자체와 운명을, 문화, 정치, 경제 체제를 결정하는 기호들로 분석하여 그 속에서 어떤 의미를 찾아내고, 보다 나은 대안을 제시하기 위해서 말이다. 그것이 저자들이 생각하는 다문화사회에서의 기호학의 과제이다. 이 만만치 않은 과제가 기호의 자의성에서 나오는데, 그것은 정보의 조작성, 진리의 허구성, 권력의 임의성 같은 포스트모더니즘의 굵직굵직한 명제들로 연결된다. 포스트모더니즘에서 이야기하는 '모든 것은 가능하다(Anything goes)'라는 명제는 기호학에서 강조하는 자의성의 개념과 일맥상통한다. 기호의 이와 같은 대표력 내지 표상력은 기호의 자의성과 더불어 기호의 무한한 생산을 허용한다. 실제로 수많은 가공적 기호들이 철학자, 수학자, 예술가, 미디어 종사자 등에 의해서 만들어졌고, 계속 만들어지고 있다. 다문화와 관련된 예를 들면, 다문화주의, 다문화관련 정책 및 규범, 국경없는 마을 운동, 다문화 RPG 등 이루 헤아

릴 수 없이 많다. 이러한 기호의 능력은 다문화사회에서 살아가는 우리들의 공상력과 창의력을 무한히 확장시켜 준다. 이제는 그 공상력과 창의력을 기반으로 다문화사회를 분석하고 이해하여 새로운 의미를 만들어내야 하는 것이다. 그것이 기호학이 다문화사회를 분석하기 위해 필요한 이유이다.

다른 광고를 통해 몇 가지 보충설명을 하고자 한다.

앞서 이야기한 것처럼, 기호학은 '의미의 생성과 그 의미를 어떻게 읽는가'에 대한 이론인 동시에 '어떻게 의미가 생산되고 읽히는가'를 기호의 관계를 통해 분석하기 위한 학문이다. 기호학에서는 가장 작은 의미단위로서 기호가 있으며, 모든 기호는 소리나 이미지, 물체 등 물질적 형태로 존재하는 기호의 일부분인 기표와 이가 표상하는 개념인 기의로 구성된다. 이러한 기호들이 상호작용하고 분석되며 이해되는 장이 텍스트이다. 바르트(Barthes)는 텍스트에서 외연적 의미화 과정(외시의미 : 1차적 의미화 과정 : denotation)과 내포적 의미화 과정(함축적 의미 : 2차적 의미화 과정 : connotation)의 차이점을 밝힌다. 외연적 의미화 과정은 1차적 의미화 과정으로 기표와 이에 대한 기의 사이의 관계에 의해서 발생하는 지극히 사전적이고 상식적인 의미를 가리킨다고 하고, 내포적 의미화 과정은 2차적 의미화 과정으로서 1차적 의미화 과정을 통한 외연적 의미에 또 다른 의미, 즉 기의를 덧붙이는 것이라고 한다. 바르트는 내포적 의미화 과정이 대중매체의 이데올로기적 의미들을 전파하는 데 주요한 방식이라고 주장하며, 이 내포적 의미화 과정이 또 다른 의미화 과정으로 이행됨으로써 신화 혹은 지배적인 이데올로기가 발생하고 재생산되는 과정을 겪는다고 말한다. 바르트의 이 개념을 위 공익광고의 분석에 적용해 보면, 광고 자체의 내용, 기본 줄거리 및 인물들 간의 상호작용이 외연적 의미화 과정에 해당되고, 줄거리와 인물들의 상호작용에서 발생하는 연상작용이나 함축된 의미는 내포적 의미화 과정에 해당된다고 볼 수 있다.

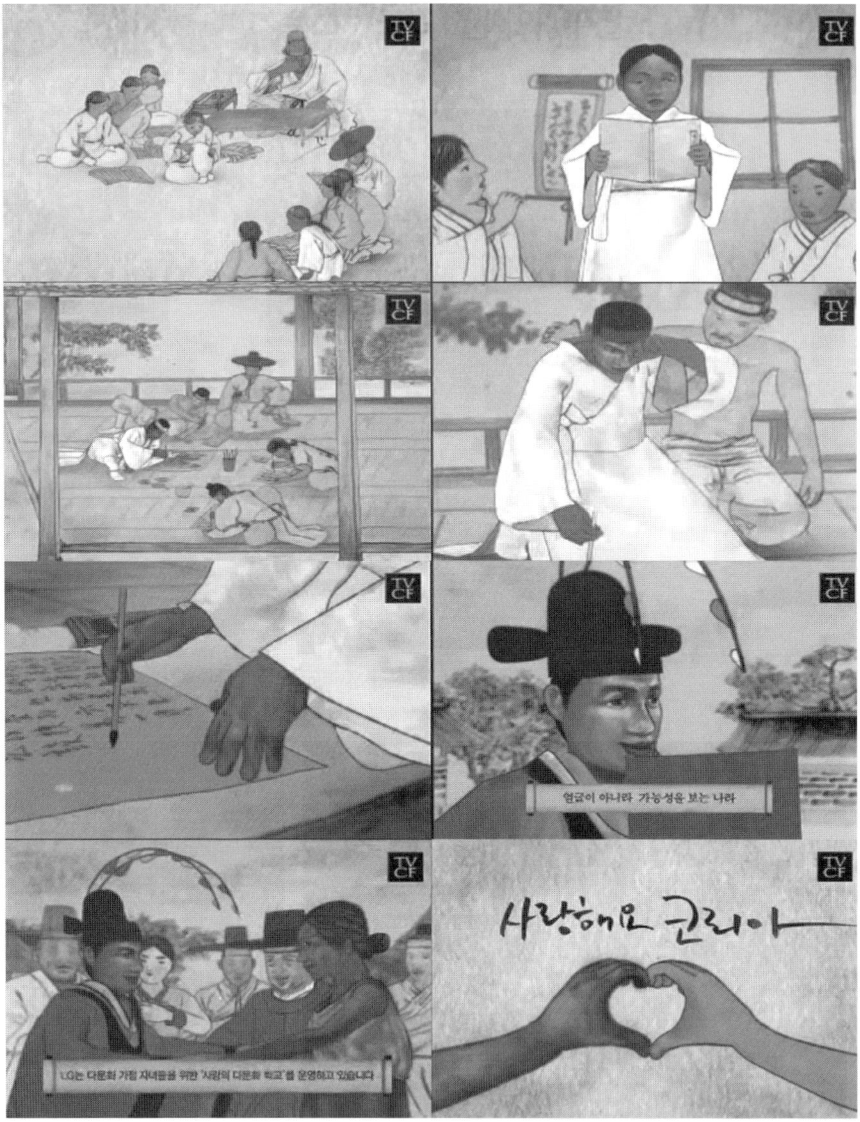

▌위 광고는 단원 김홍도의 풍속화를 모티브로 이주민들도 이 사회의 인재가 될 수 있음을 보여주고 있다.
출처 : LG그룹 얼굴이 아니라 가능성을 보는 나라 - 다문화가정 편.

위 광고를 본 시청자들은 일차적으로 외연적 의미화 과정을 거친다. 한국은 다문화사회이며, 그 안에서 이주민들과 함께 살아가야 하며, 그들의 노력에 함께 웃고 울 수 있는 우리는 모두 다문화인이라는 의미를 가지게 되는 것이다. 그것이 외연적 의미화 과정이다. 하지만 그레마스의 기호학적 분석에서처럼 한 차원 아래의 의미화 과정, 즉 내포적 의미화의 단계에서는 더욱 복잡한 의미들을 유추해 낼 수 있다. 위 광고에서는 다문화가정 자녀들에만 초점을 맞추면서 그들의 어머니인 결혼이주민들과 한국인 아버지는 주변화하고 있다. 결혼이주민 어머니는 이국적인 복식과 짙은 피부색으로 등장해 우리와 다른 '타자'로 인식되며, 아버지는 아예 등장하지도 않는다. 다문화가정의 아이도 검은 피부를 통해 한국아이들과는 다른 그 어떤 존재라는 사실이 강조되고 있다. 이들이 한국임을 강조하는 전통의 풍경 속에서 역설적으로 그들은 자신의 다름을 드러내고 있는 것이다. 다문화가정을 다룬 위 광고는 인정과 공존을 말하고 있는 것이 아니라, 다양성을 거세한 한국사회로의 동화를 강요하고 있는 것이다. 결국 이 광고에서 다문화가정 아동은 다문화적 요소가 제거된 동화의 대상으로서 존재할 뿐이며, 광고는 이러한 인식을 반영하고 재생산해낸다.

우리는 이처럼 무수히 쏟아지는 다문화관련 영상과 기사, 법률과 정책 같은 텍스트들이 숨기거나 드러내지 않고 있는 요소(코드, 기의, 의미)를 기호학적 방법을 통해 찾아낼 수 있어야 한다. 그것들은 더욱 교묘히 숨어있거나 위장되어있다. 기호학은 이러한 보물찾기과정에서 자신만의 보물인 의미를 찾고, 그 의미를 자신만의 것으로 발전시킬 수 있도록 도와줄 수 있다.

2. 다문화 영화 분석

두 번째로 분석할 텍스트는 영화이다. 영화 <세리와 하르>의 텍스트를 분석하면, 그 주제는 다문화사회 2세들의 갈등이다. 이 영화는 외국인 출신의 부모를 둔 사춘기의 세리와 하르, 한국인 아이들 사이에서의 갈등을 다룬다. 세리는 국제결혼하여 이주해온 베트남 엄마와 한국인 아빠 사이에서 태어났다. 하르는 필리핀 미등록 이주노동자의 아버지를 두었다. 세리는 박세리 선수처럼 유명한 골퍼가 되어 사람들에게 인정받는 것이 꿈이다. 하르는 한국사람처럼 주민등록증을 갖고 합법적으로 사는 것이 하르의 꿈이다. 그러나 세리는 베트남 출신 엄마를 둔 것이 열등감으로 있고, 하르는 미등록 이주노동자인 아버지와 함께 소수자로, 불법체류자로 살아가는 것이 열등감이다. 세리는 엄마의 병원과 아빠의 일자리 문제와 경제적인 문제로 고통을 받는다. 하르는 불법체류 단속에 늘 불안하다. 이들을 돕는 목사와 방송국 PD의 도움으로 세리는 사람들에게 주목을 받는다. 세리는 이러한 하르가 밉다. 세리는 한국인 또래아이들로부터 왕따에서 벗어나고 싶어 더 골프연습을 한다. 하지만 세리 부모님이 예고 없이 닥친 불행으로 힘들어 하며 세리를 제대로 뒷받침해 주지 못하자 세리의 불만은 더 커져간다. 세리가 어느 날 단속반에게 하르의 아빠의 불법체류에 대한 이야기를 털어놓는데, 이로 인해 하르의 가족은 더 큰 위험에 놓이게 된다. 하르는 세리의 이러한 사실에 분노를 갖는다. 결국 이 둘을 서로에게 상처를 주기도 하지만 다시 우정을 회복해간다. 영화 <세리와 하르> 서사구조를 3장 8개의 시퀀스로 구분하여 보면 아래의 표와 같다.

장	SQ	신화 서사구조에 따른 <세리와 하르> 서사구조
1장	SQ1	베트남 출신 국제결혼 가정의 세리와 불법체류자 아빠를 둔 하르, 골프선수가 되고 싶지만 골프채 안 사주는 것에 대한 불만, 법무부의 단속에 불안해 하는 하르
	SQ2	세리는 병원에 입원한 엄마의 딸로서의 역할을 거부한다. 하르는 아빠가 단속되면 자신도 가야하는 삶을 걱정, 목사가 방송피디 통해 미등록 아동 하르의 문제를 지원, 세리엄마가 화학공장 산재로 판명, 문제해결 지원 시작, 하르는 방송을 통해 지역문제 해결에 나섬
2장	SQ3	세리엄마의 산재해결 위해 나서는 아빠, 그러나 하르와 비교되는 민서를 싫어하는 세리, 출입국 직원에서 하르의 아빠가 일하는 곳을 알려주어 단속문제로 하르와 갈등
	SQ4	단속불안으로 학교도 안 가는 하르, 사장의 직원회유로 엄마의 산재문제를 돕던 사람들이 흩어짐
	SQ5	하르방송으로 후원금 받음, 사장의 신고로 브로커 혐의로 경찰에 잡혀간 아버지 문제로 분노하는 세리, 엄마도 회사 찾아갔으나 쫓겨남
	SQ6	단속을 피한 하르의 아빠는 하르의 후원금 받은 것으로 신분증 구하려 후원금 찾아감. 세리 아빠의 단속으로 절망하는 엄마가 병원에서 쓰러지자 멀리만 하던 엄마를 일으켜 세움
3장	SQ7	세리는 병원에서 엄마를 돌보기 시작, 세리가 회사를 찾아가 사장에게도 항의 후 폭행당하는 것을 하르가 말리다 서로 다시 가까워짐. 후원금문제로 하르가, 단속반 신고문제의 오해 후 서로 화해
	SQ8	하르도 아빠가 가져간 후원금 세리엄마 병원비로 전달과정에서 단속반에 잡혀감. 목사와 마을 사람들이 집단으로 단속을 막아서고 결국 하르와 임산부와 함께 풀려남. 폐쇄된 공장지붕에 올라간 세리와 하르, 세리는 가짜 신분증을 하르에게 전달해 주고, 하르는 미등록인 자신의 단속문제를 걱정함
에필로그		아직도 해결되지 못하는 미등록 이주노동자문제와 이주노동자 가정의 자녀문제를 과제로 제시함

영화 <세리와 하르>의 등장인물의 주인공은 세리와 하르이다. 국제결혼 가정 출신의 세리와 미등록 이주노동자 가정 출신의 하르이다. 세리는 한국인임에도 엄마가 베트남 출신에 따른 자기 정체성의 문제를 가지고 있고, 하르는 이주노동자 가정의 출신이지만 한국에서 태어나고 자랐기 때문에 한국인이라는 정체성을 가지고 있다. 세리는 초등학교 6학년생, 정체성 혼란으로 베트남 출신 엄마에 대하여 자존감이 없다. 가난에 대한 부정적 생각을 가지고 있음, 내성적이며 친구들로부터 왕따당한다. 하르의 불법체류 신분을 보고 한국인이 아니라고 생각함, 친구들이 던진 가짜 신분증을 발로 밟기도 한다. 하르는 불법체류 신분에 대하여 불안해 한다. 단속과정에서 돌아가신 엄마에 대하여 신분문제로 조용히 지내는 아빠에게 불만이 있다. 그러나 자신의 문제를 적극적으로 해결하려 하며 주변과 친화력이 높음, 한국에서 태어나 한국말을 잘하니 한국인이라 주장한다. 세리에 대하여 친구로 생각하고 조력자가 된다. 지역노동자 문제해결을 위해 협조적인 역할도 병행한다.

<세르와 하르> 주인공의 욕망과 갈등을 통해 본 영화의 담론을 추출하도록 한다. 다음 쪽 표에서 정리한 세리와 하르의 갈등과 욕망 분석표에서 보듯이 세리는 아빠가 베트남인과 결혼한 것에 대하여 친구들이 놀리는 것에 대하여 스스로 창피해 한다. 즉, 비순혈주의 출신들에 대한 사회적 열등감이다. 세리는 지금의 상황을 벗어나는 방법은 유명한 골프선수 세리와 같이 되는 것을 꿈꾼다. 돈 벌어 성공하는 것으로서 엄마의 국제결혼 욕망과 세리의 욕망은 일치한다. 반면 하르는 불법체류자 단속에 대한 두려움으로 가짜 신분증을 만들어 가지고 다닌다. 그러나 친구들은 “니가 한국인이냐?”며 세리가 만든 가짜 신분증을 빼앗아 길에 던져 버린다. 하르의 간절한 욕망은 국적을 가지지 못한 외국인 출신에 대한 차별의 극복으로서 한국국적을 취득하는 것이다. 영화에서 나타나듯이 세리는 국제결혼 가정 출신으로서 부자로 살고 싶은 성공욕망이 있다. 가난한 나라 출신의 엄마에 대한 대리욕망이다. 반면 하르는 한국에서 주민등록을 가진 시민으로 살고 싶은 욕망이 있다. 이들 모두의 욕망은 자기출신에 대한 정체성에서 출발한다. 이 영화에서 추출될 수 있는 담론은 ‘한국인의 정체성’에 대한 것이다.

<table>
<tr><td>[세리의 갈등과 욕망]</td><td>[헤르의 갈등과 욕망]</td></tr>
<tr><td>
</td><td>
</td></tr>
<tr><td>스토리 : 베트남인과 결혼한 것이 창피하다며 세리를 놀리는 아이들
차별내용 : 순혈주의
⇩</td><td>스토리 : “니가 한국인이냐?”며 아이들에게 가짜 신분증을 빼앗긴 하르
차별내용 : 외국인 차별
⇩</td></tr>
<tr><td></td><td></td></tr>
<tr><td>세리의 욕망 : 골프선수 되는 것이 꿈
의미 : 돈 벌어 성공하겠다.</td><td>하르의 욕망 : 주민등록증을 갖는 것
의미 : 당당한 한국인으로 살고 싶다.</td></tr>
<tr><td colspan="2">⇩
순혈주의, 가난한 나라 문화적 차별, 자국민 중심주의</td></tr>
</table>

1) 영화 속에 나타난 다문화 담론분석

(1) 차별 · 배제 담론분석

영화분석에서 나타난 한국인 또래아이들의 세리와 하르에 대한 차별은 한국인 정체성과 관련된 차별이다. 영화 <세리와 하르>에서 나타난 한국적 다문화담론으로서 한국인 정체성의 문제유형은 두 가지다. 하나는 순혈주의, 자국민 중심주의, 서열의식에 따른 ‘차별’이고, 다른 하나는 욕망의 ‘배제’이다.

첫째, 영화 속 차별과 관련하여 다문화주의와 순혈주의 그리고 단일민족주의와 관련해서 세리를 왕따시키는 아이들 마음속에서 한국인에 대한 순혈주의 의식이 강하게 나타나고 있다. 또래아이들이 세리에게 "너희 아버지 베트남 사람과 결혼했지? 창피하지도 않냐?"라는 놀림말 속에는 우리는 너와 다르다는 상대적 우월감과 차별의식이 존재하며, 한국인 또래아이들에게 그대로 반복되고 있다. 순혈주의를 민족의 정체성으로 보는 태도이다. 이 과정에서 다문화가정 자녀들이 성장과정에서 순혈주의는 정체성에 혼란과 열등감을 준다. 순혈주의는 순수 한국인과도 연결 되는 단일민족 중심주의의 기초가 된다. 자국민 중심주의와 관련해서 하르는 자신이 한국에서 태어났으니, 자신은 한국인이라고 말한다. 그러나 또래아이들은 "니가 한국 사람이야?"라고 배척한다. 특히 하르의 미등록 신분에 대하여는 '불법체류자지, 너희 나라로 돌아가, 신고해 버린다' 등의 상처받는 말로 비자 유무에 따라 아이들이 서열화되고 있다. 한국국적이 아닌 사람들은 한국에서 소란을 피우면 안 되고 한국 사람의 말에 순응적이어야 한다는 피해의식의 반영이다. 자국민 중심주의는 비자가 국민이 아닌 동남아 이주민들에게 외국인은 한국인의 말에 따라야 하고, 그렇지 않으면 배제시키는 이주민의 통제, 관리, 배제와 연결된다. 한국인 또래의 집단적 차별의식과 서열의식과 관련해서는 <세리와 하르>에서 드러나듯이 한국인 또래아이들 의식에는 국제결혼자녀와 이주민출신 자녀를 자신들과는 다른 존재로 생각한다. 국제결혼자녀와 이주민출신 자녀들을 놀릴 때 결코 아이들이 혼자 나타나는 법이 없다. 아이들은 최소 세 명 이상의 집단을 이루어 세리와 하르를 놀리거나 공격하였다. 집단의 개인에 대한 태도는 서열의식의 반영으로 나타난다. 한국인 정체성에 따른 차별문제 유형과 내용장면은 다음과 같이 정리될 수 있다.

문제내용	관련장면
한국인 또래의 집단적 차별의식과 서열의식 : 세리와 하르에 대한 차별적 발언을 할 때 나타나는 서열장면	

문제내용	관련장면
순혈주의와 단일민족주의 : (1) 국제결혼 출신 사실 놀려먹기	
(2) 엄마가 넘어졌어도 친구들과 마주치는 것이 싫어 숨는 세리	
자국민 중심주의 : 네가 한국인이냐며 장난감 신분증을 뺏는 아이들	

둘째, 영화 속 '배제'와 관련된 내용은 다음과 같이 정리될 수 있다. 세리의 꿈은 골프선수가 되는 것이다. 가난한 나라 베트남 출신 엄마에 대한 부끄러움을 넘기 위하여 더 큰 욕망으로서 골프선수 박세리를 자기성공의 모델로 여긴다. 이러한 구도는 가난한 나라에서 돈 때문에 한국에 시집온 엄마를 박세리처럼 골프선수가 되어 더 잘사는 곳으로 날아가는 것으로 이완 · 전이시키는 구도이다. 또래아이들은 세리가 골프선수가 되려는 것에 대하여 '니 주제에 무슨 골프선수냐?'는 식의 비아냥거림과 집단 따돌림으로 세리의 욕망을 배타적으로 파산시키려 한다. 하르의 꿈은 한국국적을 받아 당당하게 합법적 신분으로 한국에서 살아가는 것이다. 하르는 주민등록증을 받고 당당하게 살고 싶은 마음에 자신이 만든 장난감 신분증을 만들어 다닌다. 그러나 이 신분증을 한국인 또래아이들이 빼앗아 던져버린

다. 한국국적인 아닌 아이들에 대하여는 세리도 차별대열에 동참한다. 던져진 신분증을 세리가 발로 밟는다. 아이들은 집단적으로 하르의 욕망도 집단적으로 파산시키려 하였다.

배제의 대상	배제의 장면
세리 : 세리의 꿈은 골프선수가 되는 꿈을 또래들이 집단적으로 멸시한다.	
하르 : 장난감 주민등록증을 아이들이 빼앗아 던지자 발로 밟는 세리	

영화 속에 등장하는 아이들의 다문화자녀들에 대한 태도는 차별적이거나 협력적 태도로 나타난다. 한국인의 정체성 차별과 이중적 태도를 취한다. 그러나 문제는 차별적이거나 협력적 모습을 보인 아이들이 다 같은 아이들이라 더 충격적이다. 첫째, 또래아이들의 차별적 태도이다. 또래아이들은 세리의 아빠가 베트남 출신의 엄마와 결혼한 점, 세리가 골프를 쳐서 박세리가 되고 싶어 한다는 점을 못마땅히 여기고 세리를 왕따시킨다. 외국인 출신인 하르가 한국에서 태어났다고 한국인이라며 가짜 신분증을 만들어 한국인 행세하는 것을 받아들이지 않는다. 그러나 하르의 적극적 태도로 하르를 왕따시키지는 않는다. 세리도 한때 하르가 한국인 행세하는 것에 못마땅하게 생각하고, 아이들이 하르에게서 빼앗아 던진 가짜 신분증을 세리가 발로 밟은 일이 있다(세리는 늘 비겁한 캐릭터이다). 세리와 하르가 함께 있는 것을 본 아이들이 세리가 하르를 신고했으며, 하르도 돌아갈 준비

를 해주겠다면서 놀린다. 상처 받는 말 : 너희 아버지 베트남 사람과 결혼했지? 너 불법체류자지, 니가 한국사람이야? 너희 나라로 돌아가, 신고해 버린다. 둘째는 또래아이들의 협력적 태도이다. 세리와 하르를 놀려먹던 아이들이 세리의 엄마가 길가에서 쓰러질 때, 세리는 모르는 척하고 지나갔지만, 아이들은 나서서 세리의 엄마를 도와주었다. 세리가 세리엄마를 모른 척 하고 지나친 것에 대하여 네 엄마가 창피하냐며 핀잔을 준다. (사실은 이 아이들이 박세리하고 부르자, 넘어진 엄마도 무시한 채 숨어버린 것임) 세리를 놀려먹던 아이들과 세리가 방송출연 목적으로 아이들이 베트남 출신 엄마를 놀려먹는 장면을 재연해 보이다가 방송국 PD가 행동을 강요하자 싫은 반응을 보인다. 하르는 자기와 생각이 다르거나 반대자도 적극적으로 자기편으로 끌어들이려 한다(하르는 자신이 한국인이라는 것을 당당하게 밝히고 어려운 자를 도우려는 캐릭터이다).

(2) 저항 · 연대 담론

2005년 정부는 'UN 아동권리협약'을 받아들여 모든 국내 체류 아동들에게 중학교까지 교육의 기회가 주어지지만 문화적 권리에 입각한 교육의 기회가 주어지지 못해 사실상, 교육을 받을 수 있는 권리 자체가 위협을 받고 있다. 결국 대부분의 이주아동들은 아동 노동자가 되고 만다. 다문화가정 자녀의 차별과 배제의 사회적 현상은 저항 다문화주의를 형성해낸다. 다문화가정 자녀의 차별에 따른 저항 다문화주의가 세리와 하르 텍스트에선 두 가지로 나타난다.

1) 차별상황에서 저항 다문화주의	
1) 세리 : 엄마가 화공약품으로 하반신 마비가 되었지만 대처하지 않는 사장과 오히려 아버지를 신고했다며 사장을 찾아가 항의하는 세리. 이전의 소심하고 열등감을 보이던 모습과는 다르다.	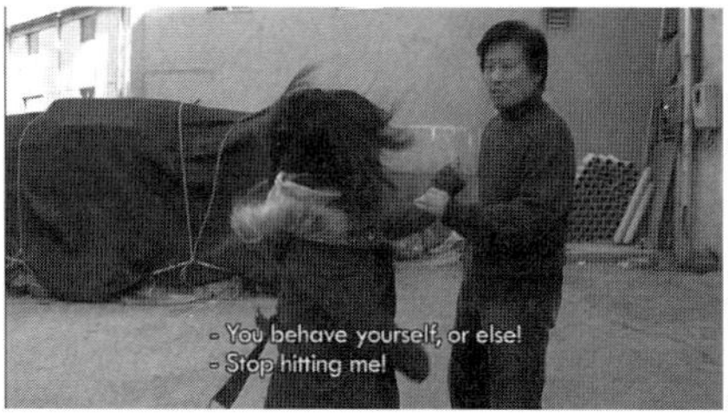 문제의 사장에게 항의하는 세리

1) 차별상황에서 저항 다문화주의

2) 하르 : '전 여기 살고 싶은데, 아빠가 단속되면 저도 가야 해요. 왜 열심히 살아가는 사람을 잡아가는지 모르겠어요. 전 한국에서 태어났으니 한국 사람이에요. 한국말도 잘해요. 어른이 되면 주민등록증 만들 거예요'라며 당당하게 한국 태생 아이들의 미등록 상태 문제를 밝히는 하르

텔레비전 방송 인터뷰

2) 차별상황에서 저항적 다문화주의 연대

세리의 엄마가 길에 넘어졌을 때 차별하던 아이들도 세리엄마를 도왔다.

인종과 국적을 떠나 같은 회사에서 불이익을 당하자 거리주민에게 홍보한다.

아빠가 잡혀가고 난 뒤 미워하던 엄마와 함께 공장을 찾아가 항의하는 세리

사장의 세리폭행에 연대하는 하르

하르가 잡혀갔을 때 함께한 세리, 하르는 세리엄마 병원비를 전달해 준다.

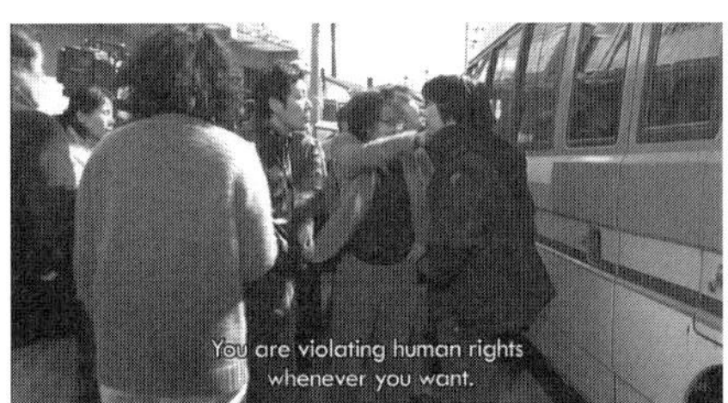

하르와 미등록 이주노동자들이 단속되었을 때 연대하여 항의하는 주민들

특히 여기서 눈여겨 보아야 할 점은 또래아이들의 이중적 태도이다. 한편에서는 세리와 하르를 차별하지만, 세리의 엄마가 넘어졌을 때는 도움을 주는 모습이다. 이는 아직 한국사회에서 아이들에게 올바른 다문화교육이 이루어지면, 새로운 가능성을 보여줄 수 있다는 희망을 아이들의 이중성 또는 중립성을 통해 보여준다.

<세리와 하르> 영화 텍스트 속에 발견된 다문화담론의 문제는 가부장적 혈연 중심사회, 자국민 중심주의이며, 또래아이들이 가부장적 혈연, 국민 중심성의 다문화사회 환경이 서열중심의 사회를 형성하고 있으며, 또래아이들의 차별성과 이타성에서 이중적 태도로 나타나고 있다. 가부장적 혈통주의가 다문화사회에서는 사회적 차별과 소외를 방치하는 서열적 다문화를 만들어낸다. <세리와 하르>에서 세리에 대한 아이들의 놀림은 어머니가 베트남 출신이라는 것이다. 한국의 가부장적 혈통주의(민족주의) 문화가 다문화사회의 걸림돌이 된다고 본다.

다수자와 소수자들에 대하여 다문화시민성교육이 중요하다. 정체성 교육을 통하여 자존감을 강화시켜 주는 교육은 가족에 대한 자존감 향상에 중요하다. 세리는 외모적으로 생김새며 피부색이 좀 남과 다르다. 어머니의 출신국과 자신의 외모로 자기 자신에 대한 자존감이 영화 내내 나타났다. 소심하고, 자신감이 없으며, 자기의견을 분명하게 말하지 않는다. 세리는 자기엄마가 길에 넘어져 유산이 될 정도였으나, 길에서 또래아이들을 만나자 피하고 숨어버렸다. 오히려 한국인 또래들이 나서서 세리의 엄마를 도왔다. 이후 세리는 아빠의 손에 이끌려 병원에 입원해 있는 엄마에게 넘어진 엄마를 돌보지 못한 것에 대하여 사과를 하라고 해도, 고집을 피우며 끝까지 사과하지 않았다. 그만큼 세리는 엄마에 대한 거부감이 강하였다. 가족에 대한 자존감 교육은 아이들 자존감의 문제와도 직결된다. 나아가 소수자들에 대한 정체성 교육이 강화되어야 한다. 아이들의 정체성은 외모, 국적, 이름, 언어문제와 왕따의 경험에서 강화된다.

영화에서 발견되듯이 아동・청소년의 다문화 인권 의식은 이중적이어서 다문화시민성 교육을 통하여 얼마든지 바꾸어나갈 수 있다. <세리와 하르>에서 등장 아이들의 다문화 인권 태도는 차별적이거나 협력적 태도로 나타난다. 그러나 문제는 차별적이거나 협력적 모습을 보인 아이들이 다 같은 아이들이다. 즉, 다문화

인권에 대한 아동·청소년의 태도가 이중적이라는 것이다. "너희 아버지 베트남 사람과 결혼했지? 너 불법체류자지, 니가 한국사람이야? 너희 나라로 돌아가, 신고해 버린다" 같은 차별적 말, 상처받는 말로 세리와 하르는 인권차별한다. 그러나 때로 협력적 태도도 나타난다. 세리와 하르를 놀려먹던 아이들이 세리의 엄마가 길가에서 쓰러질 때, 세리는 모르는 척하고 지나갔지만, 아이들은 나서서 세리의 엄마를 도와주었다. 세리가 세리엄마를 모른 척 하고 지나친 것에 대하여 또래아이들은 '네 엄마가 창피하냐?'며 비난하기도 하였다. 아직 한국사회에서 아동·청소년들에게 올바른 다문화시민성 교육이 이루어지면, 새로운 가능성을 보여줄 수 있다는 희망을 아이들의 이중성 또는 중립성을 통해 보여준다. 아이들의 가치중립적 태도는 교육을 통하여 얼마든지 인식의 개선이 가능하다는 것을 보여준다.

EXERCISE

4장을 마무리하는 **연습문제**

01. 다문화관련 영화 한 편(완득이, 방가방가, 수취인불명 등)을 골라 감상해 보시기 바랍니다. 그리고 감상한 영화에서 주인공의 욕망 또는 사명을 찾아보고 영화의 욕망 또는 사명이 무엇인지 찾아보세요. 이 욕망 또는 사명이 곧 영화의 주제가 됩니다.

02. 앞서 감상한 영화를 영화의 스토리를 주인공의 욕망과 사명을 중심으로 3막 8개의 시퀀스로 분석해 보시기 바랍니다.

03. 앞서 감상한 영화 속에 나타난 다문화사회의 담론들이 무엇인지 적어 보십시오. 그리고 그 담론이 사회적으로 미치는 영향에 대하여 자신의 의견을 설명해 보시기 바랍니다.

CHAPTER

05

기호로 읽는 다문화사회 Ⅲ

; 다문화 사회의 기호학 적용

CONTENTS

CHAPTER 05

기호로 읽는 다문화사회 Ⅲ

; 다문화 사회의 기호학 적용

1. 왜 이 그림은 푸에르토리코의 성화인가?

<노인과 여인>

출처 : 푸에르토리코 국립미술관.

작품 속의 본질을 제대로 보지 못하면, 이 그림은 3류 포르노로 오해될 수도 있다. 즉, 무엇이든 본질을 제대로 보는 것이 중요하다는 것이다. 본질이란 의미를 의미한다. 어떤 현상의 의미를 찾아내는 것이 기호학의 존재목적이다.

앞 그림은 푸에르토리코 국립미술관 입구 가장 좋은 자리에 걸려있다. 작품의 이름은 '노인과 여인'이다. 이 그림을 처음 보는 관람객들은 노인과 젊은 여자의 애정행각을 그린 춘화가 미술관의 입구에 걸려있다는 사실에 불쾌해 한다고 한다. 불륜을 조장하는 포르노그래피가 어찌 이 자리에 있냐며 항의하는 이들도 있었다고 한다.

이 그림 속 수의를 입은 노인은 젊은 여인의 아버지다. 불은 젖가슴을 드러내 놓고 있는 여인은 노인의 딸이다. 이 노인은 푸에르토리코의 자유와 독립을 위해 싸운 독립투사였다. 당시 푸에르토리코의 위정자들은 위 노인을 감금하고 굶어 죽이기로 결정했다. 노인은 굶어죽기 직전에야 가족의 면회가 허용되었고, 딸은 아버지의 임종을 지키려 감방을 찾았다. 딸은 해산한 지 며칠 지나지 않아 젖이 불어있었고, 아버지에게 마지막 식사로 자신의 모유를 바쳤다. '노인과 여인'은 부녀 간의 사랑과 헌신과 애국심이 담긴 숭고한 작품인 것이다. 푸에르토리코인들은 이 작품을 성화로 추대하였다.

2. 문화적 코드의 자의성

<중국 북경의 자금성>

<일본 나고야의 나고야성>

앞의 사진은 자금성과 나고야성의 본관이다. 각 성은 중국과 일본의 대표적인 건축문화재이다. 또한 각 나라를 대표하는 이미지 기호로 사용되기도 한다. 하지만 중국과 일본 건축물과 문화에 대한 이해가 없다면 두 성의 건축학적 · 문화적 차이점은 보이지 않을 것이다. 기껏 찾아내는 차이점이라고 해보아야 건물의 외벽과 기와의 색, 층수의 차이 정도일 것이다.

모든 것은 아는 만큼 보인다. 내가 가지고 있는 정보의 숫자와 종류가 나의 개념형성에 영향을 끼치는 것이다. 즉, 내가 가지고 있는 정보의 양과 질에 따라 신화의 양과 질이 달라질 수 있다는 것이다. 여기 두 명의 학생이 동양건축에 관한 강의를 듣고 있다. 그날의 강의주제는 중국과 일본의 전통건축의 차이점에 관한 것이다. 교수가 강단에서 침을 튀기며 두 성의 차이점에 관해 설명하고 있다. a 학생은 체육과 학생이다. 이 수업은 여자친구와 같이 들을 수 있는 교양이어서 듣지만, 들어도 들어도 지루한 수업이라는 점만 확실해질 뿐이다. a 학생은 자금성과 나고야성은 고사하고 경복궁도 가본 적이 없다. 교수가 말하는 두 성의 차이점은 관심도 없고 재미도 없다. 교수의 설명이 길어질수록 졸음이 쏟아질 뿐이다. F 학점은 면하기 위해 강의를 듣는 척은 하고 있지만, 몸은 여기저기 좀이 쑤시고 마음은 벌써 콩밭에 가있다.

반면 b 학생은 건축과 학생이다. 동양의 전통건축을 현대적으로 해석해내는 건축가가 되겠다는 계획이 있을 정도로 동양의 전통건축에 조예가 깊은 학생이다. 특히 일본의 전통건축에 관심이 많아 일본의 대학으로 교환학생을 다녀오기도 했다. 물론 중국건축에도 관심이 많다. b 학생에게 오늘 수업은 대학 4년간 들은 강의 중 최고로 재미있는 수업이다. 교수의 한마디 한마디가 그대로 뇌리에 박힌다. 역시 이 교양수업을 듣길 잘했단 생각이 든다. 교수가 준비한 PPT를 보고 있자니 나고야성의 천수각과 자금성의 태화전이 머리에 그대로 그려진다. 건축의 기법은 물론이고, 기와의 특성부터 단청의 기법과 들보에 새겨진 문양의 차이까지 눈앞에 그려지는 듯하다. 문득 자금성은 중국의 황제의 황궁이었지만, 나고야성은 대장군인 태합의 거처였다는 사실에까지 생각이 미쳤다. 자금성을 왜 교토의 왕궁과 비교하지 않았냐는 질문을 던져야겠다고 생각했다. 이처럼 a 학생과 b 학생은 같은 강의를 듣고 있지만, 두 학생의 머릿속에서 일어나는 의미작용의 양상은 전혀 다르다. a 학생과 b 학생이 만들어내는 신화는 그 모양과 내용이 전혀 다른 것이다. 두 학생이 가지고 있는 정보의 격차가 그 첫 번째 원인이고, 문화적 코드의 자의성이 두 번째 원인이다. 당장 수업이 끝난 후 쪽지시험을 치렀다고 가정해 보자. 자금성과 나고야성의 차이점을 묻는 질문에 두 학생은 전혀 다른 답안을 적었을 것이다. 답안을 기술하는 방식도 다를 것이다. 각각의 학생들이 자의적으로 문화적 코드를 정보와 결합시켰기 때문이다. a 학생과 b 학생은 같은 수업을 들었지만 전혀 다른 답안지를 만들어냈다. 그것이 자의성이다. 이 둘은 사회적 경험이 다르고, 개인적 관심사도 달랐다. 교육의 수준과 결과도 상이했다. 당연히 기표에 대해 가지는 기의가 다르게 나타날 수밖에 없는 것이다. 자라를 보고 놀란 경험이 있는 사람의 경우 솥뚜껑을 보고도 매우 놀라겠지만, 그러지 않은 사람의 경우는 솥뚜껑은 그저 솥뚜껑일 뿐인 것이다. 이 자의성에서 신화가 만들어지는 것이다.

a와 b 학생 자신만의 방식으로 고유한 신화인 답안지를 만들어냈다. 하지만 a 학생의 답안이 모범답안에 가까울 것이다. a 학생의 성적이 100점이라면, b 학생은 이름 석 자만 겨우 적어냈을 것이다. 각자 만들어낸 신화의 위계가 성적의 차이로 이어진 것이다. 사전지식과 정보의 차이가 신화의 위계를 만들어낸 것이다. 아는 만큼 보이는 것이다. 아는 것이 다르니 보이는 것의 차이가 생겼고, 그 차이는 층위가 다른 신화로 이어졌다. 애초부터 아는 것이 달랐기 때문이다.

이데올로기도 자의성에 기반하여 몸짓을 키운다. a 학생은 교수가 지배하는 이데올로기의 공간에서 그가 원하는 방식으로 신화를 구성해냈다. 자의성에도 등급이 있는 것이다. b 학생이 체육을 전공한 자신과 일본유학까지 다녀온 a 의 동일비교는 불공평하다고 아무리 목청을 높여도 이데올로기는 b 학생의 편이 아니다. 그것은 교수의 것이고, 교수의 자의성과 최대한 비슷한 자의성을 가진 a 학생에게 더욱 친절하다. 도쿠가와 이에야스가 나고야성을 통해 만들어낸 신화와 이데올로기를 생각해 보자. 그는 금장을 두른 화려한 천수각을 통해 자신이 일본 제일의 거부임을 자랑하려 했고, 튼튼한 성벽을 통해 자신이 나고야성처럼 불사신임을 알리고 싶어 했다. 그의 정적들은 그의 바람대로 나고야성을 그와 동일시했고, 싸우지도 않고 항복하는 지경에 이르렀다. 도쿠가와 이에야스는 나고야성의 견고함과 화려함을 자기 자신과 자의적으로 연결했고, 그 결과 그가 만들어낸 신화가 전 일본의 지배 이데올로기가 될 수 있었던 것이다.

3. 권력의 심층성에 대한 해석

<시위 진압 중인 경찰>

<경찰복과 비슷한 파티의상을 파는 사이트의 모델>

이미지의 해석을 위해서는 그 이미지가 어떻게 보이는가를 분석하는 일도 중요하지만, 그 이미지의 심층의 차원에 무엇이 숨어있는가를 알아내고 분석하는 일이 더욱 중요하다. 앞 두 사진 속의 인물들은 똑같이 경찰제복을 입고 있다. 하지만 우리는 두 번째 사진의 주인공이 진짜 경찰이 아니라는 사실을 단번에 알아차릴 수 있다. 그녀의 의상은 경찰복이라고 하기는 너무 야하며 그녀의 헤어스타일도 여자경찰의 그것이라고는 보기 어렵기 때문이다. 아마 그녀의 사진을 본 이들은 모두 그녀가 영화나 드라마 촬영을 위해 경찰제복을 입었을 것이라고 생각할 것이다. 사진 속의 그녀는 영화배우처럼 늘씬한 몸매에 아름다운 외모를 가졌기에 그리 생각하는 것이 무리도 아닐 것이다. 그것도 아니라면, 그녀가 재미로 경찰 코스프레 중이라고 생각할 것이다. 아무리 생각해 보아도 사진 속의 그녀가 진짜 경찰일 가능성은 매우 희박하기 때문이다.

따라서 앞 두 사진에서 우리는 쉽게 가짜 경찰을 골라낼 수 있다. 두 번째 사진이 가짜이다. 도상 전 단계에서 파악해 보아도 쉽게 알 수 있다. 즉, 겉으로 보이는 옷(외연)은 얼핏 경찰의 제복 같지만 어떤 목적으로 그들이 경찰복을 입었는지 구분할 수 있다. 두 사진 속의 주인공들은 다른 목적을 가지고 경찰제복을 입었다고 말할 수 있는 것이다. 첫 번째 사진에서 남성경찰들은 위엄 있는 공권력을 대변하고 있다. 그것이 첫 번째 사진의 내연이다. 첫 번째 사진에서 경찰들은 시위를 진압하고 있다. 권력에 대항하는 자들의 항의수단인 시위가 공권력에 의해 무참히 묵살되는 순간이다. 이 사진은 권위와 명령, 권력과 단속 그리고 폭력 등이 심층의 차원에 가득 차 있다고 할 수 있다. 반면 두 번째 가짜 여경은 섹시하면서도 도발적인 이미지를 내포하고 있다. 또 약간의 도전의식과 권력에 대한 반항의 의미도 담고 있는 듯하다. 두 번째 사진의 섹시하며 도발적인 이미지는 진짜 경찰이 보이는 폭력, 억압 같은 이미지와의 대비를 통해 더욱 강해진다.

또한 두 번째 사진은 경찰에 대해 우리가 가지는 고정관념을 깨뜨릴 수 있다. 경찰은 무서운 존재이다. 합법적 살인도 저지질 수 있는 존재이며, 국민들을 통제하고 감시하는 이들이다. 하지만 두 번째 사진 속 그녀에게선 그런 이미지를 읽을 수 없다. 권위의식, 질서정연함 따위는 그녀의 핫팬츠와 헝클어진 머릿결에 묻혀 버린다. 이러한 고정관념의 해체를 우리는 이미지 해체라고 부를 수 있다. 이러한 이미지 해체는 패러디물이나 만화 등에서 쉽게 찾아볼 수 있다. 그녀가 입고 있는 제복 스타일의 옷이 판매되는 것 자체가 일종의 이미지 해체이다. 그녀는 이런 이미지의 해체를 판매하고 있는 것이다. 그리고 이 옷을 사는 사람들은 해체된 이미지 속의 권력, 억압, 폭력 같은 경찰의 내연도 함께 구입하는 것이다. 더욱더 많은 이들이 경찰제복을 입고 파티장에서 춤을 출 때, 경찰이 가지는 이미지와 내연의 해체는 더욱 빈번히 일어나는 것이다.

우리가 다문화, 이주민, 다문화사회 등에 대해 가지는 고정관념과 이미지도 이런 식으로 해체될 수 있을 것이다. 어떤 이미지가 제시되어 그 이미지가 고정되어 간다면 그 이미지와 외연은 비슷하지만 다른 심층 성을 가지는 이미지를 찾아내어 고정된 이미지를 깨야 할 것이다. 이 방법이 고정관념과 이미지의 해체를 위한 정공법이기 때문이다. 앞 사진들에서 권위 및 권력과 자유분방한 섹시함으로 대립되는 순간 경찰이 가지는 고정관념과 이미지가 깨져버리는 것처럼 말이다.

4. 다문화 사회의 고정된 이미지 1

▌설을 맞아 결혼이주민들이 한국의 세배에 대해 배우고 있다.
출처 : cctoday.

다문화사회를 대표하는 이미지는 한복을 입고 한국의 문화와 예절을 익히는 결혼이주여성의 이미지일 것이다. 하지만 이 땅의 수많은 이주민들 중 그들의 숫자는 10%를 조금 넘을 뿐이다. 대다수의 이주민들은 이주노동자들이다.

우리는 왜 다문화라고 결혼이주민들을 떠올리는 것일까?

분류의 결과로 이 문제에 대한 답을 찾아보도록 하자. 우리가 다문화라고 부를 수 있는 것들을 나열해 보자.

1) 사람들이 다문화라고 부르는 것들
2) 다문화 연구자들이 다문화라고 부르는 것들
3) 내가 다문화라고 생각하는 것들
4) 다문화라고 신문과 방송에서 다루는 것들
5) 나라에서 다문화라고 부르는 것들

6) 상식적으로 다문화라고 여길 수 있는 것들
7) 다문화의 본질적인 의미를 간직하고 있는 것들

위의 답들은 모두 상이한 분류의 기준을 가지고 있다. 각 대답은 모두 다른 이가 상이한 학문적·정치적 권력과 권위를 가지고 다른 정도의 영향력을 행사하며 분류하였기 때문이다. 위 분류에 따라 재분류 작업을 해보아도 결혼이주민들만이 이주민이라 불릴 수 있는 이들인 것은 달라지지 않는다. 한국인들은 결혼이주민과 관련된 것을 다문화라 인식한다. 다문화연구자들도 대부분 결혼이주민과 관련한 연구를 한다. 신문과 방송에서는 말할 것도 없이 결혼이주민이 이주민의 전부인 양 방송을 편성한다. 자연히 사회구성원들은 결혼이주민이 다문화의 이미지를 대표하는 이들이라고 여기게 되었다. 그들이 이사회의 다문화성을 대표하는 이미지로 굳어버리게 된 것이다.

결혼이주민은 정치적 입지와 사회적 지위가 다른 이주민들과 다르다. 그들은 한국국적을 가지고 있고, 한국인과 동일한 법적·사회적 지위를 지니고 있다. 그들은 저출산과 고령화의 해법으로 우리 사회에서 모셔온 이들이기 때문이다. 이들에 대한 언어와 문화교육에도 엄청난 예산이 투입되었다. 전체 다문화예산의 대다수를 차지한다. 하지만 그들은 한국어와 한국문화를 배워야 하는 이들이라는 생각이 고정되어 있고, 그 고정관념이 상식적으로 맞는 것이라 여겨졌기 때문에 아무도 이의제기를 하지 않는다.

그렇다면 결혼이주민들이 가지는 다문화에 대한 고정관념과 본질적인 다문화는 무엇이 다른지 생각해 보도록 하자. 7)번 다문화의 본질에 대한 답을 찾아보자는 것이다. 이를 위해 이항대립의 방법을 사용해 보도록 하자. 결혼이주민대상 다문화는 모든 이를 위한 다문화와 결혼이주민의 조기적응을 위한 교육은 이주민들 모두의 생애맞춤형 교육으로, 보여주기식 문화교육은 삶살이를 위한 실재적 교육으로 대립시킬 수 있다. 그리고 이런 대립의 변증법을 통해 다문화의 본질에 관한 답을 찾을 수 있을 것이다.

5. 다문화 사회의 고정된 이미지 2

▌서울 종로구 보신각 앞에서 열린 이주노동자들의 집회에서 이주노동자들이 자신들은 범죄자가 아님을 알리기 위한 퍼포먼스를 벌이고 있다.
출처 : 중앙일보.

고정관념은 어떤 것에 대한 일반적인 생각이다. 결혼이주민에 대한 고정관념이 그들은 순종적이고, 조용하며, 말 잘 듣고, 아이를 잘 낳는 어머니이자 아내라는(여야 한다는) 것이다. 이러한 고정관념은 결혼이주민에 대한 관찰이나 경험에 의해 어느 정도 입증된 것일 수도 있지만, 대부분은 우리가 그리 믿고 싶어 하는 편견이 고정관념으로 발전된 것이 많다. 우리는 결혼이주민은 모두 순종적이고 지고지순할 것이라고 생각한다. 하여 드센 한국여성에게 질린 일부 한국남성들은 국제결혼을 하겠다고 공개적으로 밝히기도 한다. 하지만 결혼이주민이 조용하고 순종적인 것처럼 보이는 이유는 그들의 낯선 사회에서의 적응을 위한 일시적인 생존전략일 수 있다. 언어가 낯설고, 문화가 익숙지 않기에 그런 것이지 얼마간의 시일이 지나면 그들은 괄괄한 여장부의 본성을 얼마든지 드러낼 수 있다.

이주노동자에 대한 편견은 이보다 더욱 심각하다. 이주노동자들은 잠재적인 범

법자로 취급받는다. 이주노동자들이 거리를 배회하면 감시의 눈길이 그들을 주시하고, 이주노동자들이 숙련된 기능을 과시하면 불법체류를 의심한다. 그들이 이 사회에 끼치는 경제적인 실익은 그들에 대한 두려움과 공포를 모두 상쇄한다. 한국인이 기피하는 일자리를 대신한 그들에게 한국인의 일자리를 빼앗았다는 누명이 씌워진다.

그렇다면 왜 그들에게 이러한 고정관념이 씌워졌는지 분류의 틀을 활용해 살펴보도록 하자.

1) 사람들이 이주민이라고 부르는 이들
2) 다문화 연구자들이 이주민이라고 부르는 이들
3) 내가 이주민이라고 생각하는 이들
4) 이주민이라고 신문과 방송에서 다루는 이들
5) 나라에서 이주민이라고 부르는 이들
6) 상식적으로 이주민이라고 여길 수 있는 이들
7) 이주민의 본질적인 의미를 간직하고 있는 이들

이주노동자들은 결정적으로 6)번의 상식의 수준에서 이주민이라고 생각되고 있지 못하다. 그런 상식의 차원에서 이주민이라고 받아들여지지 못한 이유에는 5)번의 정부와 4)번의 언론의 잘못된 보도와 거짓말이 한몫을 했다고 할 수 있다. 이러한 이유로 이주노동자들은 잘못된 편견의 대상에서 헤어나오지 못하고 있는 것이라 할 수 있다.

그 이유를 생각해 보도록 하자. 상식의 수준에서 이주민이라고 생각되는 이는 결혼이주민들 뿐이다. 정부에서도 이주노동자는 이주민이 아닌 당기일용인력이라고 생각하고 있는 듯하다. 언론에서는 안산과 구로 같은 외국인 거주지역을 위험하고 더러운 곳이라고 보도한다. 이주노동자들에 의한 범죄는 더욱 부풀려져 보도되고 이는 다시 그들의 추방을 위한 이유로 재생산된다.

6. 고정관념의 탈피

▌ <To sir with LOVE>라는 영화에서 영어교사가 학생들을 가르치는 장면

위 사진에서 어색한 점은 무엇인가?

흑인이 영어를 가르치는 교사라는 점이다. 우리는 영어를 가르치는 원어민 교사들은 모두 백인이라고 생각한다. 학부모들이 백인교사를 선호하여 흑인과 유색인종 원어민 교사들은 영어교사가 되기 힘들다고 한다. 흑인영어교사들은 자신들의 불리한 점을 알기에 학력과 자격조건을 갖추는 데 더욱 노력한다고 한다. 하지만 흑인과 유색인종은 고학력과 높은 스펙에도 불구하고 교단에 서지 못하는 경우가 빈번하다고 한다. 실제로 강의평가의 평점이 흑인교사가 백인교사보다 높다는 연구결과도 흑인들의 교직진출에 별 도움이 안 된다고 한다. 학생들과 학부모들이 백인강사의 수업을 선호하기 때문이라는 것이다.

흑인이 영어를 가르치면 안 될까?

아니다. 이는 생각의 문제이다. 생각은 이데올로기와 관련된 것이다. 다른 시각을 제공하는 것도 이데올로기의 역할이기 때문이다. 이데올로기는 거시적 차원에서 의미구조를 만들어낸다. 이 의미구조가 개인들의 생각에까지 영향을 끼치는 것이다. 그렇다면 흑인이 영어를 가르치는 것이 어색한 이유도 이데올로기의 차원에서 생각해 볼 수 있을 것이다.

이데올로기란 특정 계급, 집단, 문화의 가체체계를 특징짓는 신념과 욕망의 체계, 정치적 신념이다. 기능주의 이데올로기는 조화와 균형, 갈등주의 이데올로기는 변화와 조정을 중시하는 것이 그 예이다.

또한 실제 이데올로기와 상관이 적은 유사신념이나 욕망체계를 이데올로기라 부르기도 한다. 자본주의의 진짜 모습을 모르는 상태에서 '자본주의는 이럴 것이다'라고 말하며 천민자본주의를 시행하는 한 국가를 예로 들 수 있을 것이다.

즉, 흑인이 영어를 가르치는 상황이 어색한 이유도 "영어교사의 모습은 이럴 것이다", "영어교사라면 중산층 출신의 교양 있는 백인일 것이다"라는 유사신념의 영향이다. 이러한 유사신념은 거시적인 차원의 의미구조가 공공해져야 그 힘이 약해질 것이다. 미국은 소수자우대법(Affirmative Action)을 통해 흑인과 유색인종에게 교직을 비롯한 사회요직으로의 진출 시 가산점을 부여했고, 경쟁의 장에서 그들은 당당히 백인과 경쟁하는 모습을 보여주었다. 그러자 흑인과 유색인종의 지적 수준이 백인에 비해 낮다는 유사신념은 더 이상 큰 목소리를 낼 수 없게 되었다.

7. 만들어진 신화

▌경찰공무원에 특채된 후 각오를 밝히는 외국출신 경찰들
출처 : NESIS.

위 사진의 주인공들은 모두 대한민국 국민들이 부러워하는 직업을 얻은 이들이다. 이들은 모두 외국출신이지만 당당히 대한민국의 공무원이 된 이들이다. 왼쪽의 남성은 몽골, 오른쪽의 남성은 필리핀 출신의 경찰공무원 합격자이다. 개인적으로는 축하할 일이지만 이들의 공무원임용이 하나의 신화이기에 그들에게 진심어린 축하를 하기가 꺼려지는 것이다.

우리는 신화하면 호랑이 담배피던 시절의 이야기를 떠올리지만, 신화는 사실, 반사실, 거짓 중의 하나이다. 신화는 그 기능도 다양하다. 도덕적 교훈을 주는 신화에서부터 사회적 욕망과 신념을 극대화시켜 사회구성원을 희망고문시키는 그 종류도 다양하다. 위 사진의 주인공들은 이주민들에게 꿈과 희망을 준다. 이주민들이 저들을 보며 자신의 인생을 계획하고 준비할 것이다. 문제는 그러한 계획과 준비가 아무 소용이 없을 가능성이 크다는 데 있다.

이주민들이 한국인들도 몇 백대 일의 경쟁률을 뚫고 간신히 될 수 있는 경찰이 될 수 있었던 것은 국가가 이주민들의 성공신화의 기획과 배포를 허락했기 때문이다. '저 사람이 했으니 너도 할 수 있어'라는 신화까지 신화는 이주민들에 대한 통치와 관리를 수월하게 해주기 때문이다. 다음의 안전행정부의 외국인 및 북한 이탈주민 공무원확대 시행지침을 보면 정부의 이러한 의도를 쉽게 읽을 수 있다.

<바르트의 '파리마치' 잡지표지에 나오는 흑인병사>

바르트는 프랑스 군복을 입고 프랑스 국기를 올려다 보며 거수경례하고 있는 흑인병사를 위대한 프랑스의 힘을 나타내는 상징으로 쓰였다며 혀를 찼다. 바르트는 텍스트 개념을 사용하여 "텍스트는 저자와 독자/ 해석자가 만나는 기호론적 담론의 장으로 그것이 제시하는 기호들은 어떤 문화적 의미를 나름대로 품고 있으면서도, 정작 가능한 의미들의 창출을 해석자에게 맡겨놓고 있는, 비결정성의 의미의 장이다"라고 말한다. 저자를 죽여야만 텍스트의 진의를 알 수 있다는 그의 말에서 텍스트의 주인인 저자가 아닌 독자가 된다. 하지만 독자는 결국 상부구조의 식자들이 허용한 한도 내에서의 해석에 만족할 수밖에 없다는 것이 비극인 것이다. 그것이 희망고문인 것이다.

바늘구멍을 통과한 이주민 출신 경찰관들도 잠시 이주민들에게 희망을 주기 위한 도구일 가능성이 높다. 기득권층이 허용한 한도 내에서의 취업과 승진이 있을 수 있지만 유리천장은 공고하기 때문이다. 실제로 이주민 출신 공무원들은 모두 단기계약직이다. 정규직 공무원은 거의 없다. 그들을 희망의 아이콘으로 활용하기 위해서는 비정규직 계약 공무원이면 충분하기 때문이다. 그들을 위해 부르는 축가는 사실 조금 민망한 축가인 것이다. 2년 후, 3년 후 그들이 자신의 역량을 다해 진정한 공무원이 되었을 때, 그들이 한국인과 당당히 겨루어 공채에 무더기로 합격하는 그때가 되었을 때 진정으로 축가를 불러주어도 늦지 않을 것이다.

8. 다문화사회의 질서와 무질서

<네팔 집으로 돌아가 환하게 웃고 있는 찬드라 구룽>

앞 사진은 네팔 출신의 이주노동자였던 찬드라 구룽의 사진이다. 1992년 당시 36세였던 찬드라는 합법적인 단기 근로용 비자를 받고 한국에 온 외국인 노동자였다. 1993년 찬드라는 동네 분식점에서 라면을 먹은 후 지갑을 가져오지 않았다는 사실을 깨닫고 지갑을 가지러 다녀오겠다고 주인에게 설명을 했는데, 주인은 행색이 꾀죄죄하다는 이유로 찬드라를 무전취식 행려병자로 경찰에 신고한다. 경

찰에 연행된 찬드라는 여전히 서툰 한국어로 어떻게든 상황을 설명하려 노력했지만, 경찰도 그녀를 단순 행려병자로 간주하여 청량리의 한 정신병원으로 보내버렸다. 여기서도 찬드라는 자신이 네팔사람이며 일하던 공장에 가면 여권과 비자가 있다고 열심히 항변했으나 전혀 먹히지 않았고, 결국 병원에서 임시로 '선미아'라는 이름까지 받은 후 억지로 약물치료와 심리치료를 병행하는 생활을 했다고 한다.

결국 2000년이 되어서야 담당의사는 찬드라가 정신병자가 아니라 네팔 노동자라는 사실을 알게 되었고, 2000년 3월 정신병원에서 퇴원해 네팔로 돌아갔다. 네팔에 있던 찬드라의 가족도 이 소식을 전해 들었으며, 찬드라의 어머니는 이 사건으로 충격을 받아 사망했다고 전해진다. 사건 이후 한국인들이 성금 1천만 원을 모아 찬드라에게 전달하고 미안하다는 뜻을 전하기도 했지만 찬드라 본인은 '내가 못 배워서 일어난 일'이라면서 웃어 넘겼다고 한다.

이 사건은 다문화사회에서 언어의 규칙인 랑그(langue)와 기표인 파롤(parole)의 관계에 대한 재해석의 계기를 제공한다. 언어는 다른 이와의 의사소통이기 때문에 서로 공통된 규칙이 존재한다. 여기서 우리가 '개별적'으로 대화하는 것을 파롤, 공통된 문법이나 낱말들에 존재하는 서로 간의 규칙으로 고정적인 것을 랑그라고 한다. 가령 사람들은 공통적인 '살다'라는 낱말을 인식할 수 있는데 이를 랑그라고 볼 수 있고, 실제 대화할 때 상황에 따라 '살다'는 조금씩 다른 느낌을 줄 수 있는데, 이를 파롤이라고 볼 수 있다. 같은 말이라도 상황이나 억양에 따라 받아들이는 뜻이 달라지는 것도 이 파롤 때문이다.

찬드라의 예에서 볼 수 있듯이 다문화사회에서는 언어기본능력에 해당하는 랑그가 굉장히 중요하다. 찬드라와 경찰, 식당주인, 의사 간의 랑그가 공유되었다면 그녀는 6년여의 시간을 정신병원에서 보내지는 않았을 것이다. 물론 이에 못지않게 파롤 또한 중요하다. 상황에 따른 언어구사능력에 주로 해당하는 파롤의 부정확성이 그녀를 공장기숙사가 아닌 병원으로 이끌었기 때문이다.

다문화사회에서 또 한 번 생각해 보아야 할 문제는 우리가 파괴하는 랑그에 관한 문제이다. 우리는 우리의 랑그를 이주민들에게 강요하고 있다. 결혼이주민에 대한 한글교육이 전체 다문화교육예산의 대부분을 차지하는 것이 좋은 예이다.

EXERCISE

> * 채용신체검사 불합격 판정자 : 임용불가
>
> ○ (신원조회) 임용 30일 전 경찰청(외사과)에 신원조사 의뢰
> - (제출서류) 자기소개서, 여권사본, 자국공안기관범죄기록증명원, 외국인등록사실증명원(국내등록 시), 사진 1매
>
> ○ (보안관리) 소속 기관장 책임하에 보안서약서 징구, 보안교육 등 조치
> * 외국인의 별정직공무원 채용은 일반직공무원의 특별임용시험절차 준용

4. 장·단기 임용확대 시행방안

가. (단기) 집중 거주지 관할 자치단체, 외국인주민센터 등에 공무원으로 채용, 현장중심의 정착 지원서비스 제공

○ (공무원) 특구내 외국인주민센터, 자치단체[지역경제·복지 등 외국인 담당(지원)부서], 통역지원센터 등 채용범위 확대

➲ 외국인 주민 1만 명 이상 시·군·구(32개) 우선 채용

○ (공무원 외) 외국인주민센터(민간), 각종 위원회 위원, NGO, 자원봉사자 등 사회참여 유도

나. (중장기) 전문인력을 양성하여 공무원으로 채용, 문화화·사회화 도모

○ 교육 전문 인력풀 구성(한국어, 컴퓨터, 음악, 태권도 등)

○ 집중 거주지 내 통역지원센터 등 근무자를 공무원으로 채용, 생활적응 교육 확대

○ 결혼이민자 취업교육(간호, 미용 등) 후 자격증 취득 채용, 특히 의료분야 한류화 대비 외국인 간호사 양성

* (예시) 공무원(외) 채용범위 확대 채용

구분	내용
현 행	○ (자치단체 필요에 의해) 투자유치, 통·번역요원, 영어강사 등 ○ (외국인 정착지원 위해) 특구 내 순찰요원 등 채용에 국한 * 안산시 통역지원센터(결혼이주민 : 9명/ 민간인) 운영
앞으로	○ (공무원) 집중거주지 관할 자치단체(읍·면·동), 외국인주민센터, 통역지원센터, 고용안정센터, 근로감독청 등 ○ (공무원 외) 외국인주민센터(민간), 각종 위원회 위원, NGO, 자원봉사자, 통·리·반장 등

CHAPTER

06

'다문화의 기호학' 확장을 위하여

CHAPTER 06

'다문화의 기호학' 확장을 위하여

지금까지 우리는 앞에서 다문화 사회를 기호학적으로 읽어가는 방법에 대하여 살펴보았다. 기호학은 기호와 신호를 통하여 다문화 사회와 그 사회를 살아가는 사람들의 잠재의식과 표현된 기호들의 내재된 의미를 밝혀내는 데 유용하다. 다문화의 기호학은 다문화 사회를 형성하는 기호의 생산, 구조, 의미, 유통과정, 소통행위 등을 추적가능하게 하는 방법이다. 그러한 의미에서 '다문화의 기호학'은 기호로서, 텍스트로서 다문화 사회의 이미지와 의미의 형성과정을 밝혀낸다. 기호는 언어와 이미지 등 텍스트를 통하여 어떻게 다문화 사회의 소통이 이루어지고, 권력과의 관계에서 이데올로기 담론이 어떻게 형성되는지 살펴보는 데 유용하였다.

다문화 사회에서의 기호는 중립적이지 않고 의도성을 갖는다. 기호는 다문화 사회의 차등구조와 다수자 및 소수자 집단의 가치와 의도를 가진 의미를 내포하고 있다. 따라서 다문화의 기호학은 기호와 텍스트에 담긴 통제와 질서의 논리, 차별과 배제의 사회적 이미지의 형성 등의 그림자를 밝혀내는 일이다. 그러나 다문화 사회에서의 기호의 의미는 고정된 것이 아니라 유동적이다. 다문화 사회에서의 기호는 단순히 의미의 해석만 있는 것이 아니라 의미의 생산과 생산, 상황과 맥락, 해석의 관점에 따라 다양한 견해를 가질 수 있다. 바로 이러한 과정에서 다수자는 다문화 수용성을, 소수자는 다문화 사회에서 정체성을 배운다. 나아가 다수자와 소수자는 함께 더불어 살아가는 공동체의 희망을 꿈꾸게 된다.

기호학이 다문화 사회를 살아가는 사람들의 생각을 표현하고, 의미를 해석하고, 의미를 재생산하는 등의 과정을 위한 교육적 과제가 있다. 이러한 과제의 해결을 위해 다문화의 기호학의 발전을 위한 제안을 하고자 한다.

첫째, 다문화 사회를 기호적으로 표현하고 읽어가는 다양한 접근방식의 다문화의 기호학의 대중화가 필요하다. 다문화 사회를 기호학적으로 연구한다는 것은 사람과 사람을 매개하는 기호와 텍스트에 대하여 소홀히 취급하여 온 것에 대하여 기호학적 관점에서 다문화 사회를 문화적 관점에서 이해하고 접근해나가는 방식이 된다. 기호적 접근은 다문화 사회에 대한 새로운 교육 접근방식이 될 것이다.

둘째, 다문화의 기호학은 학습지가 다문화 사회를 기호를 통하여 자신의 시각으로 읽어내는 '다문화 유레카(Eureka) 교육'이 필요하다. 다문화 사회를 읽어내는 기호는 유동적이라 지적하였다. 다수자의 관점에서 권력의 이해관계를 반영하는 지배담론으로서 사회적 이미지로 형성된 다문화 인식이라 할지라도 학습자 스스로 다문화 사회현상을 기호적으로 읽어내기 시작하면 다문화 사회의 선입관과 편견에서 벗어날 수 있다.

셋째, 다문화의 기호학은 다문화 사회를 기호적으로 읽어내는 '다문화 리터러시(literacy) 교육'을 발전시켜나갈 필요성이 있다. 리터러시는 본래 문맹자들의 문해능력을 표현하기 위해 사용된 개념이다. 리터러시는 단순히 텍스트를 읽어내는 것에서 나아가 텍스트적으로 표현하는 것을 포함한다. '다문화 리터러시 교육'은 다문화 사회를 살아가는 다수자나 소수자 모두에게 자신이 생각하고 경험하고 느낀 것에 대하여 기호적으로 표현할 수 있어야 한다. '다문화 리터러시 교육'은 문화적 선입관과 편견에 대하여 자신의 시각으로 다문화 사회를 표현할 수 있는 문화표현능력 강화교육에 도움이 될 것이다.

넷째, 다문화의 기호학을 통해 다문화 사회의 창조(symbolic creativity)활동으로 전문화해나갈 필요가 있다. 창조적 활동이란 다양한 기호적 표현으로서 글쓰기, 그림 그리기, 사진, 영상, 신문 만들기, 연극, 노래, 춤, 공예 등을 통하여 자신이 생각한 다문화 사회를 기호적으로 재생산해내는 창조적 작업이다. 기호가 가치중립적이지 않고 자신의 의도성을 담아내듯이 다문화 사회의 시민성을 담아내기 위한 가치와 철학 형성과 다문화 시민성 역량강화를 위한 가치 창출의 작업으로 승화

될 필요가 있다.

다섯째, 다문화의 기호학은 다문화 사회를 기호적으로 기획하고 지도를 그려나갈 수 있는 '다문화 코디네이터(coordinator)' 교육이 필요하다. 다문화 사회의 기획으로는 정책기획, 교육기획, 축제기획, 공연기획 등 다양한 분야에서 기획 및 디자인을 위한 전문성이 요구된다. 따라서 '다문화 코디네이터 교육'은 다문화 사회의 기획능력에 중심을 두는 교육이 될 수 있다.

여섯째, 다문화의 기호학은 다문화 사회의 기호를 비판적으로 분석해낼 수 있는 '다문화 비평교육'으로 발전할 수 있다. 다문화 사회의 소통의 매개가 되는 텍스트의 표현, 의미, 구조, 생산, 유통, 소비, 재생산 등의 과정을 분석한다. 다문화 사회에서 생산된 텍스트가 개인, 집단, 사회와의 상호관계를 형성해나가는 방식과 영향 등을 통한 담론의 질서 등의 문제를 비판적으로 분석하고 비평해나가는 작업이다. 즉, 다문화 사회의 기호학은 비판적 접근방식이다. 다문화 사회에서의 텍스트에서 통용되고 있는 차이의 차별과 배제에 대한 인식, 제도, 문화 등에 대한 비판적 접근이다. 세계화에 따른 양극화에 따른 이주현상을 양산하는 사회현상에 대한 비판이다. 자기와 타자를 구분하여 차별하는 이항대립적 이데올로기의 비판이다. 다문화 리터러시는 기호 상징체에 대하여 고정화된 의미를 재생산하는 이데올로기적 담론의 생산과 유통에 대한 비판적 접근이다.

다문화의 기호학은 탈구조주의적 접근을 통해 사회구조적으로 형성된 동화주의 중심, 자민족 중심, 다수자 중심의 다문화 담론을 해체하는 일이다. 나아가 올바른 다문화 담론의 형성을 통하여 소주자의 권익을 바로 세워나가는데 있다. 나아가 다문화의 기호학은 다수자가 다문화에 대한 인식을 새롭게 함으로써 올바른 다문화 담론형성의 동반자로서 서게 함에 있다. 다문화의 기호학은 나아가 나수자와 소수자가 창조적 관계로 재설정되면서 자국민 - 이주민, 자민족 문화 - 이주민 문화의 경계가 극복되고 오히려 이들의 결합으로 새로운 다문화 사회가 창조되는 과정에 방법론으로 자리매김 된다. 나아가 디지털 정보 문화사회에서의 다문화의 기호학 역할도 중요하다. 디지털 정보화가 발달하면서 영화, 드라마, 사이버 공간에서의 활동이 활발하게 되었다. 이전의 기호가 언어와 문자, 이미지였다면 디지털 시대의 기호는 코드(code)로 작동한다. 디지털 영화, 디지털 사진 이미지

등은 모두 코드의 조합으로 이루어진 것이다. 디지털 이미지를 자세히 분석하면 '픽셀'로 이루어져있다. 픽셀(pixel)은 컴퓨터 디스플레이 또는 컴퓨터 이미지를 구성하고 있는 최소단위의 점으로, 영어의 picture element를 줄인 것이다. '화소'라고 번역된다. 이 픽셀은 곧 코드로 이루어진 것이다. 사이버 공간과 디지털 문화도 다문화의 기호학 영역에서 향후 다루어야 할 중요한 영역이다.

찾아보기

인명

ㄱ

ㄷ

ㄹ

ㅁ

ㅂ

ㅅ

ㅇ

ㅈ

ㅊ

ㅋ

ㅌ

ㅍ

ㅎ

저/자/약/력

■ 박천응
인하대 대학원 다문화학 박사(Ph.D)
인하대 다문화 대학원 겸임교수
안산이주민센터대표, 국경없는 마을 대표
문화관광부장관상, 보건복지부장관상 수상
<저서> 다문화교육의 탄생 등

■ 한진상
연세대 대학원 교육학 박사(Ph.D)
영동대 중등특수교육과 조교수
국경없는 마을 법인이사
<저서> 배움의 향연, 교육과정의 미래 등

다문화의 기호학

|공저자| 박천응 · 한진상

|1판 1쇄 인쇄| 2014년 3월 10일
|1판 1쇄 발행| 2014년 3월 15일
|발행인| 김 동 훈
|발행처| 공 동 체

|주소| 경기도 고양시 일산동구 호수로 358-39 동문타워 I 905호
|전화| 031) 920-8305(대표)
|팩스| 031) 920-8308
|e-mail| compub@naver.com
|출판등록| 2005년 10월 6일
|등록번호| 제396-2005-36호

|ISBN| 978-89-6352-630-0
정가 12,000원